꾸짖는 기술

나카시마 이쿠오 지음
정선우 옮김

욱하지 않고 상대의 행동을 바꾸는 고수의 대화법

꾸짖는 기술

다산 3.0

열 마디 칭찬보다
진심을 담은 한 마디 꾸짖음이 낫다

경영자, 관리자, 그룹의 리더 등 많은 사람이 부하를 어떻게 육성해야 하는지 고민한다. 그중에서 가장 큰 고민은 부하 직원을 꾸짖지 못한다는 것이다.

'직장 내 괴롭힘이라고 생각하면 어쩌지?'
'당장 출근하지 않는다고 하면 큰일이야.'
'주의를 시키고 싶은데 어떻게 말해야 하나.'

이렇게 부하 직원의 눈치를 보느라 꾸짖지 못한다고 호소하는 리더가 많다. 하지만 진정 부하의 성장을 바란다면, 그리고 리더로서 신뢰받기 위해서는 '꾸짖는' 행위를 피해서는 안 된다.

칭찬보다 효과가 큰 꾸짖음

나는 초등학교에서 교직 생활을 하면서 꾸짖음의 중요성을 일깨우는 '꾸짖는 방법 연구회'를 만들어 활동하고 있다. 교육 관계자가 주최하는 강연회나 교육 전문 잡지에 연구회의 연구 결과를 발표하는 것이 주된 활동이지만, 소문이 소문을 낳아 대학생과 일반인에게도 '마음을 울리는 꾸짖음'이라는 주제로 세미나를 하게 됐고, 어느덧 1,000명이 넘는 직장인에게 꾸짖는 기술을 전수했다.

나는 전국 각지에서 강의를 진행하면서 '꾸짖음을 듣고 싶은 부하들이 있다'는 사실을 알게 됐다. 그들은 "상사는 내가 실수나 실패를 해도 상처받을까 우려해 싫은 소리를 하지 않습니다. 고마운 일이지만 고쳐야 할 부분이 있으면 지적해주면 좋겠습니다"라고 말한다. 강연료를 내고 참가하는 세미나에는 좀 더 진취적인 젊은이들이 모이기 때문에 그런지도 모르겠다. 하지만 어떤 일이든 제대로 해보고 싶다고 생각하는 직장인은 진지하게 꾸짖어주는 상사와 일하기를 바라며, 또 그런 상사를 따른다는 사실을 간과해서는 안 된다. 이런 젊은 친구들을 생각하면 마음이 든든해진다.

'꾸짖지 못하는 상사'와 '꾸짖어달라는 부하' 사이의 간격을 메우자는 게 바로 이 책을 쓴 계기다.

다른 사람 위에 서는 입장이 되면 엄격하게 쓴소리해야 할 때도 있다. 설령 일시적이라고 해도 상대방과 멀어질 수 있다는 각오를 해야 한다. 하지만 진심으로 상대의 성장을 바란다면 꾸짖는 것이야말로 진정한 배려다.

'그냥 칭찬만 하면 안 될까? 굳이 꾸짖을 필요가 있는가?'라고 생각하는 사람도 있을 것이다. 세미나와 강연에서도 자주 듣는 질문이다.

분명 칭찬을 하면 업무 의욕을 상승시킬 수 있다. 하지만 스스로 어떤 면이 부족한지 알고, 개선의 필요성을 자각할 수 있도록 하는 방법은 꾸짖음밖에 없다.

'꾸짖음'은 자신을 내려놓고 상대방에게 최선을 다하는 자애의 행위라고 해도 과언이 아니다. 어떻게 돼도 상관없는 사람을 굳이 꾸짖을 필요는 없기 때문이다. '잘됐으면 좋겠다', '성장했으면 좋겠다'라는 마음이 꾸짖는 행위로 이어진다.

꾸짖는 걸 두려워하지 마라

일본 야구계의 전설 노무라 카츠야野村克也 감독은 말했다. "삼류 선수는 무시하고, 이류 선수는 칭찬해서 키우고, 일류 선수는 꾸짖어서 키운다." 명포수인 후루타 아쓰야古田敦也는 인터뷰에서 "노무라 감독님은 저를 한 번도 칭찬하신 적이 없습니다"라고 말했다.

일반 회사에도 해당하는 얘기지만, 전문가의 세계에서 리더가 꾸짖는 행위에는 '일류 선수로 대성해줬으면 좋겠다'는 기대와 강한 의지가 담겨 있다.

나는 꾸짖는 것을 두려워하는 요즘 리더들에게 "꾸짖음은 사랑이다. 자신 있게 꾸짖자!"라고 목소리를 높여 말하고 싶다.

"제대로 꾸짖지 않는 건 상대방에게 실례라는 사실을 알았습니다. 자신감이 없는 리더는 제대로 꾸짖지 못한다고 생각합니다."

이는 세미나에 참가한 한 남성의 말이다. 꾸짖음에 대한 고민이 잘 드러난 말이라고 생각한다. '꾸짖는 것은 상대방에게 애정이 있기 때문이다'라는 사실을 잊지 않는다면, 꾸짖음에 대한 두려움도 사라질 것이다.

자신에 대해 걱정할 필요도 없다. 꾸짖는 행위를 통해 자연스럽게 상사인 당신도 성장할 것이기 때문이다. 꾸짖는 건 부하만을 위한 일이 아니다. 리더인 여러분도 인격적으로 크게 성장할수 있다.

리더라면 어느 수준 이상의 인품을 갖춰야 한다. 하지만 얼마전까지 일반 사원이었던 사람이 갑자기 리더에게 요구되는 인품을 갖추기란 쉽지 않다.

진심으로 부하 직원을 대하고, 그들의 성장을 돕고, 때로는 엄격하게 부하를 내치는 과정에서 꾸짖음을 듣는 쪽은 물론 꾸짖는 사람의 인성도 높아진다. 또 이런 과정을 통해 리더에게 필요한 강인함과 신뢰를 얻을 수 있다.

상대방을 꾸짖으면서 리더인 당신도 성장할 수 있다. 부하와 상사 모두 성장하는 것이다. '올바른 꾸짖음'은 서로 윈윈win-win 하는 관계를 만드는 원동력이다.

부하는 당신의 진심을 보고 있다

어린이들은 항상 "훌륭한 어른이 되고 싶다"고 말한다. 그리고 부모님처럼 걱정해주는 선생님, 나쁜 짓을 했을 때 진심으로 꾸짖어주는 선생님을 따른다. 아이들은 풍부한 감성을 지니고 있어 상대방이 자신을 진심으로 대하는지 아닌지를 날카롭게 간파한다.

어른들도 마찬가지다. 특히 젊은 사원들은 자신의 상사가 회사의 규범에 갇힌 사람인지 아닌지, 또 솔직한 마음으로 대할 수 있는 사람인지 눈여겨본다.

당신은 신뢰받는 리더라고 말할 수 있는가?

지금 당장은 자신 없는 사람도 이 책을 다 읽을 때쯤이면 반드시 "그렇다"라고 대답할 수 있을 것이다.

누군가를 칭찬해서 키우는 것도 중요하지만, 사람들은 겉으로만 친절한 척하는 리더를 따르지 않는다. 꾸짖지 않는 상사를 '자신은 상처받기 싫어하는 상사', '귀찮은 일이 있으면 도망치는 상사'로 여겨 가까이하지 않는다.

한편 진심으로 꾸짖는 상사에게는 처음에는 반항적인 태도를 보일 수 있다. 하지만 마음을 다하는 리더가 진정한 리더라는 것을 금세 알아차릴 것이다.

예전에는 '꾸짖는 것'이 윗사람이 아랫사람을 일방적으로 훈계하고 다그치는 행위였다. 상명하복, 위계질서가 지금보다 엄격했고, 그래서 상사가 꾸짖으면 부하가 따르는 것이 당연했다. 하지만 요즘은 그런 분위기가 점점 사라지고, 고압적이고 일방적인 꾸짖음은 설 자리를 잃었다. 설령 예전 방식의 꾸짖음이 통한다고 해도 그건 일시적인 눈가림에 불과하다. 존경할 수 있는 상사, 믿고 일을 맡길 수 있는 부하 사이가 되기 위해서는 꾸짖음의 재정의가 필요하다.

이 책에서 말하는 '꾸짖는 기술'이란 커피 한잔을 마시면서 부하와 마음을 터놓고 이야기할 수 있는 능력을 말한다. 그런 상사의 진심이 전해져 부하가 자신의 잘못을 깨닫고 반성한다면, 꾸짖는 기술이 효과를 발휘한 것이다. 이 책을 읽는 당신도 그 기술을 잘 익혀 '진심으로 누군가를 꾸짖을 수 있는 상사', '믿고 따를 수 있는 상사'가 되기를 바란다.

| PART 2 |
관계를 망치지 않고 꾸짖는 기술

| PART 3 |
마음을 얻는 꾸짖는 기술

| PART 4 |
대상별 꾸짖는 기술

| PART 5 |
행동을 바꾸는 꾸짖는 기술

| PART 6 |
신뢰 관계를 쌓는 아홉 가지 포인트

| PART 1 |

마음을 움직이는 리더는
어떻게 꾸짖는가

부하가 따르지 않으면
꾸짖는 기술을 의심하라

부하 직원을 꾸짖은 후 그들에게 소외되거나 관계가 서먹해지는 경우가 있다. 부하의 성장을 위해 꾸짖었지만, 상대방이 당신의 꾸짖음을 받아들일 때까지는 다소 시간이 걸린다. 그럴 때 '나는 리더로서 소질이 없나?', '괜히 혼낸 건 아닐까?'라는 생각이 들지만 자책할 필요는 없다.

꾸짖는 건 꾸짖는 사람과 꾸지람을 듣는 사람이 서로의 감정을 자극하면서 진행되는 행위다. 그러므로 꾸짖은 다음 분위기가 서먹해지는 건 당연하다.

부하의 입장에서는 자극을 받아 감정이 흔들려야 자신의 부족한 점, 개선해야 할 점을 점검할 수 있다.

경영학의 권위자인 카고노 다다오加護野忠男는 다음과 같이 말했다.

"'감정적이 되는 것은 좋지 않다'고 말하는 사람도 있지만, 그렇게 하면 효과가 나타나지 않는다. 감정을 이입해서 꾸짖어야 비로소 상사의 가치관이 전달된다."(실록 '눈시울이 뜨거워지는 명경영자의 일갈',《프레지던트》13호, 2010)

'칭찬하는 것만으로는 안 되나?'라고 생각하는 사람도 있다. 분명 칭찬을 하면 자신의 장점을 더욱 발전시키고자 하는 의욕을 불러일으킬 수 있다. 하지만 스스로 부족한 부분을 알고, 개선의 필요성을 깨닫게 하기 위해서는 꾸짖는 쪽이 더 효과적이다.

여기에서 중요한 것은 서먹해지지 않도록 꾸짖는 기술을 익히는 게 아니다. 꾸짖기 전에 어떤 관계를 만들 것인가, 어떤 방법으로 꾸짖을 것인가, 꾸짖은 다음에는 어떻게 대할 것인가가 중요하다. 이를 어떻게 활용하느냐에 따라 리더의 능력이 판가름 난다.

하지만 서먹한 시간이 오래돼 관계가 소원해지거나 대하기 꺼려지는 사람이 되면 안 된다. 지금부터 상대방과 관계를 잘 유지하면서 꾸짖는 기술을 하나씩 소개하겠다.

미움받을 용기가 필요하다

"사람들이 나를 싫어하고, 거리를 두면 어쩌지?"

꾸짖는 행위에는 이처럼 부정적인 이미지가 항상 붙어 다닌다. 팀을 이끄는 리더라면 한 번쯤은 느껴봤을 것이다. 그들의 마음 깊은 곳에는 타인에게 미움받고 싶지 않은 욕구가 있다. 그래서 부하를 마음 놓고 꾸짖지 못한다.

남에게 미움받고 싶지 않은 마음은 누구나 갖는 매우 자연스러운 감정이다. 사람 위에 서는 리더도 마찬가지다. 하지만 상대방의 부족한 부분이나 실수를 보고도 미움받기 싫다는 다소 이기적인 이유로 넘어간다면 큰 손실이 발생한다. 구체적으로 다음의 세 가지를 잃을 수 있다.

부하가 성장하지 못한다

업무는 실패하면서 배우는 경우가 많다. 실제로 자신이 일을 해보고 실패를 경험했을 때 부족한 부분이 무엇인지, 앞으로 갖추어야 하는 능력이 무엇인지를 체감할 수 있다.

하지만 젊고 미숙할 때는 스스로 부족하다고 생각하기는커녕 자신이 실패하고 있다는 것조차 알지 못하는 경우가 종종 발생한다. 너무나 명백하게 실패를 거듭하고 있음에도 자기는 잘하는데 주변에서 뭔가를 잘못해서 일을 그르쳤다고 착각한다. 실수의 책임을 타인에게 돌리는 것이다. 부하를 육성해야 하는 리더는 꾸지람을 통해 실수를 깨닫게 하고, 반성의 기회를 만들어주고, 반성을 통해 성장할 수 있도록 해야 한다.

관리 능력을 의심받는다

부하나 후배의 부족한 부분과 실수를 본체만체하면 리더로서 지도 능력과 관리 능력을 의심받게 된다. 주위 사람들은 우리가 생각하는 것 이상으로 당신이 부하 직원을 잘 꾸짖을 수 있는 사람인지 관찰하고 있다.

만약 모른 척한다면 당신의 상사는 "부하 직원을 저 정도밖에 지도하지 못하나?"라고 평가할 것이다. 물론 부하는 혼나지 않았기 때문에 '괜찮다'고 생각하고, 혼나지 않은 이유는 자신이 '옳기' 때문이라고 생각해 반성하지 않는다.

상사로서 의연한 태도로 "안 되는 것은 안 된다", "잘못된 것은 잘못되었다"고 말하지 못한다면 상사와 동료의 신뢰를 잃고, 부하는 당신을 가볍게 여길 것이다.

타인의 신뢰를 잃는다

'다른 사람에게 미움을 사고 싶지 않다', '모든 사람과 잘 지내고 싶다'고 생각할수록 오히려 신뢰를 잃게 된다.

예를 들어 어느 부하의 실수를 보고도 꾸짖지 않는다면 다른 부하들에게 "우리가 저 사람의 뒤치다꺼리를 해야 한다"는 불만의 소리를 들을 수 있다. 부하의 실수와 부족한 부분을 눈감아주는 건 자기 자신만 생각하는 행동이다. 적어도 주위 사람들에게는 그렇게 비친다.

사람은 누구나 성실함과 진실함에 강하게 끌린다. 조금 세련되지 못해도 업무를 성실하게 하는 사람, 상대를 진실한 마음으로 대하는 사람은 누구나 좋아하게 마련이다. 어떤 경우라도 부하의 실수와 부족한 면을 받아들이고, 일관된 자세로 지도하는 사람은

꾸짖음이 필요한 세 가지 이유

1 부하가 성장하지 못한다.

잘못된 부분은 가르쳐주면 좋을 텐데.

---

2 관리 능력을 의심받는다.

저 사람은 리더가 되긴 글렀군.

---

3 타인의 신뢰를 잃는다.

너무 자기 자신만 생각하는 거 아닌가.

진실하고, 성실한 사람이라고 여긴다. 그런 사람이 하는 말에는 자연스럽게 무게가 실리고, 부하들은 '저 사람이 하는 말은 믿을 수 있어', '저 사람에게 꾸지람을 듣는 건 이해할 수 있어'라고 생각하게 된다.

꾸짖는 리더의 마음가짐

누군가를 꾸짖을 때는 밑바닥에 상대방의 성장을 바라는 마음이 있어야 한다. 이런 마음 없이 무조건 큰소리를 낸다면 그것은 꾸짖음이라고 할 수 없다.

하지만 업무가 많아 바쁜 와중에는 자기도 모르게 감정이 폭발하는 경우가 있다. 이럴 때 리더가 절대로 해서는 안 되는 꾸짖는 방법 세 가지를 소개한다.

권위를 이용한다

상대방을 꾸짖을 때 상사라는 지위를 이용하는 경우가 있다. 권위적인 태도로 상대를 궁지에 몰아넣고 아무 말도 하지 못하게 한다. 물론 노골적으로 그런 방법을 쓰는 사람은 많지 않다. 하지만 자신은 아니라고 생각해도 상대방은 상사가 권위를 이용해 화내고 있다고 느낄 수 있다.

예를 들어 상대방이 반성하고 태도를 바꿀 때까지 가만히 두지 않는 사람이 있다. "내 말을 듣고 있나?", "뭐라고 말 좀 하지?"라면서 반성을 종용한다. 이런 방식은 상대에게 무리하게 반성을 강요당했다는 생각이 들게 한다.

이런 방법을 고집하면 강한 사람 앞에서는 약한 모습을 보이지만, 부하나 손아랫사람과 같이 약한 사람 앞에서는 힘을 과시하는 권위주의적인 사람이라는 인상을 주게 된다. 한번 그렇게 낙인찍히면 일상적인 업무 지시를 내릴 때도 권위적이라는 말을 듣게 된다.

분노를 표출한다

아침에 출근하는 장면을 떠올려보라. 당신이 인사를 했는데도 모른 척 지나가는 부하 직원이 있다면 당연히 화가 날 것이다. '저 사람은 인사도 할 줄 모르는군!'이라며 상대방의 예의 없는 태도에 언짢은 기분이 들 것이다. 자신의 가치관과 동떨어진

행동에 감정적이 되는 건 매우 자연스러운 일이다.

하지만 문제는 바로 여기에서 시작된다. 부하의 행동에 분노라는 감정을 드러낼 것인가, 아니면 상대의 처지를 조금 더 생각해 볼 것인가. 둘 중 하나를 선택해야 한다.

우리가 자주 범하는 실수는 화가 난 상태에서 상대를 꾸짖는 것이다. 자신의 분노를 주체하지 못하고 겉으로 드러내는 건 좋지 않다.

"그런 식으로 행동하면 사회인으로서 자격이 없지", "앞으로 자네가 곤란해진다니까"라는 말은 마음속 분노를 상대방에게 푸는 것과 같다. 이때는 대개 호통을 치거나 혀를 차거나 짜증을 내면서 자신의 감정을 드러낸다.

꾸짖는 것과 화내는 것은 비슷하지만 다르다. 자기 생각대로 되지 않는 일에 분노의 감정을 표출하는 건 단순히 화를 내는 것이다. 반대로 꾸짖는 건 상대방의 성장을 바라는 마음이 있고, 더불어 자신의 행동을 돌아보며 반성하는 행위다.

일관성 없이 꾸짖는다

같은 실수를 했는데 오늘은 혼내고 다른 날은 넘어가는 경우, 같은 행동을 했는데 사람에 따라 꾸짖는 방법이 다른 경우,

1 권위적인 꾸짖음

상사인 내 말을
거역하다니!

2 감정을 드러내는 꾸짖음

뭐 저런 친구가
다 있지?

3 일관성 없는 꾸짖음

이 사람은 마음에
들지 않으니 더 강하게
혼내야겠어.

기분이 나쁘다는 이유로 주위 사람에게 분풀이하는 경우가 있다.

　이렇게 일관성 없이 꾸짖는다면 부하 직원들에게 '불공평한 대우를 받았다', '차별을 받았다'는 인상을 줄 수 있다. 상대방이 한 번이라도 부당한 취급을 받았다고 생각하면, 신뢰를 회복하기까지 상당한 노력이 필요하다. 이를 막기 위해서라도 리더는 꾸짖음의 명확한 기준을 세워야 한다.

신뢰받는 리더의 조건

충분히 꾸짖어 반성하는 모습을 보았다면, 마치 아무 일도 없었던 것처럼 부하를 대해야 한다. 상사는 꾸짖을 때와 꾸짖은 다음에 전혀 다른 인격이 돼야 한다. 쉬울 것 같지만 여간해서는 안 되는 일이다. 이는 신뢰받는 리더의 필수 조건이라고 할 수 있다.

부하의 불안한 마음을 헤아린다

꾸짖은 후에도 꾸짖을 때처럼 기분 나쁜 얼굴로 상대를 대하거나 피하는 듯한 태도를 보인다면 부하는 '아니, 아직도 화가 난 건가?', '혹시 미움을 산 건 아닌가?', '구제 불능이라고 낙인

찍힌 건 아닐까?'라고 느낄 수 있다.

부하는 리더인 당신의 눈치를 보고, 표정을 살필 것이다. 이런 상황이 지속된다면 당신이 멀게 느껴지고, 피하게 되며, 필요 이상으로 위축되어 정상적인 소통을 할 수 없다.

물론 당신은 상대방을 포기한 게 아니다. '이제 막 꾸짖었으니 부하도 당분간 나와 얘기하고 싶지 않겠지'라며 위하는 마음에 한 행동이다. 하지만 실제로 당신에게 꾸지람을 들은 부하는 이런 불안함을 느끼고 있다. 꾸짖는 것만으로 지도가 끝난 게 아니다. 올바른 꾸짖음은 '꾸짖음 + 사후 관리'다.

꾸짖은 후에는 상사인 당신이 먼저 밝은 표정으로 말을 걸어 무거운 공기를 없애는 것이 좋다. 부하는 당신이 말을 걸어주기를 기다리고 있다.

예를 들어 실수한 부하를 엄하게 혼냈다고 가정해보자. 당연히 혼을 낸 당신도 혼이 난 상대방도 기분이 좋을 리 없다. 두 사람 사이의 분위기는 어색해진다. 그런 상황이 된 건 어쩔 수 없지만, 이를 해결할 수 있는 건 상사인 당신뿐이다.

방법은 아주 간단하다. 꾸짖은 후에 "다음에는 같은 실수를 하지 말게", "앞으로의 활약을 기대하겠네"라는 말을 건네면 된다. 용기를 내 웃는 얼굴로 말을 거는 여유를 보이는 것이 중요하다.

개선의 노력이 보이면 칭찬한다

꾸짖은 다음 부하의 행동을 주의 깊게 관찰하는 것도 중요하다. 부하가 당신의 지도를 받아들이고, 자신의 행동을 개선하려고 노력한다면 곧바로 칭찬해야 한다.

실수는 꾸짖되 개선한다면 칭찬하는 모습을 보여야 한다. 이런 자세로 부하를 대하면 당신이 아무리 심하게 꾸짖어도 '저 상사는 나를 정당한 시선으로 보고 있다. 나를 성장시키려고 한다'고 느껴 당신을 피하거나 멀리하지 않는다.

감정적으로 꾸짖은 이후에 이러한 시선으로 부하를 대하는 건 매우 어려운 일이다. 부하의 부족한 면만 눈에 들어오기 때문이다. 하지만 사후 관리가 없다면 꾸짖음은 일방통행으로 끝나버린다. 이 점을 반드시 기억해야 한다.

꾸짖은 후에는 아무 일도 없었던 것처럼 대하라

부하를 심하게 꾸짖은 다음 날

❌ 대하기가 껄끄러워 피한다.

◎ 아무렇지 않게 대한다.

꾸짖음의 토대는
신뢰 관계다

　　부하 직원이 성장하도록 이끄는 건 경험이 많은 리더인 당신이 해야 할 일이다.

　　따라서 리더의 '역할'을 생각하면서 부하들과 신뢰 관계를 쌓아야 한다. 일상적인 소통이 없고, 신뢰 관계를 구축하지 못하면 그 어떤 적절한 방법을 이용해 꾸짖어도 효과가 없다. '이 사람이 하는 말이라면 믿을 수 있다'는 생각이 드는 관계를 만들기 위한 원칙은 다음과 같다.

'지도자'의 본분을 잊지 않는다

최근 부하 직원의 기분을 중요하게 생각하는 풍조가 강해지고 있다. 누구나 부하에게 인기 있는 상사가 되기를 바라기 때문이다.

하지만 현실적으로 쉬운 일은 아니다. 리더는 부하가 직장인으로서 제 몫을 발휘할 수 있도록 이끌어야 한다. 그래야만 상대방이 실수했을 때 엄격하게 꾸짖을 수 있다. 그러기 위해서라도 평소에 자신을 '지도하는 사람'이라고 생각하고 부하를 대해야 상대방과 적정한 거리를 유지할 수 있다.

또 언젠가 자신보다 나이가 많은 부하를 맡게 될 수도 있다. 그때를 대비해 지금부터라도 자신을 '지도자'라고 생각하고, 본분을 다해야 한다.

믿고 맡길 줄 알아야 한다

리더가 범하기 쉬운 실수 중 하나가 부하보다 우수해야 한다는 생각에 그들과 경쟁하는 것이다. 하지만 부하의 능력과 의욕을 높이는 것이야말로 리더의 가장 중요한 업무임을 잊지 말아야 한다.

꾸짖음의 토대는 깊은 신뢰 관계다

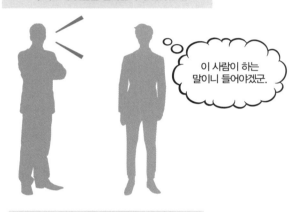

**신뢰 관계가 바탕이 되면
부하도 꾸짖음을 받아들이기 쉬워진다.**

이 사람이 하는
말이니 들어야겠군.

신뢰를 쌓는 세 가지 원칙

1 '지도하는 사람'의 입장으로 대한다.

----

2 때로는 믿고 맡긴다.

----

3 보통 때는 온화하게, 꼭 필요할 때만 엄격하게 대한다.

경험이 없는 리더일수록 부하가 실수하지 않도록 튼튼한 레일을 깔아주는 방식으로 지도한다. 부하를 위하는 방법이지만, 오히려 그들은 일거수일투족을 지시받는다고 생각한다. 부하의 자주성 역시 늘지 않는다. 부하를 믿고, 능력에 따라 업무를 맡기는 것은 신뢰받는 리더의 조건이라 할 수 있다.

리더는 부하에게 문제가 생겼을 때, 업무를 하다가 막혔을 때, 인간관계에 대한 고민이 있을 때 그들을 돕는 믿음직스러운 리더를 목표로 삼아야 한다.

꼭 필요할 때는 엄격하게 대한다

직장에서는 말투, 표정, 행동 등에 주의를 기울여야 한다. 보통 때는 온화하고 밝은 분위기로 사람을 대하는 것이 기본이다. 하지만 꼭 필요한 경우에는 잘못된 부분을 날카롭게 지적하고, 의연하게 지도해야 한다. 부하 직원들이 '저 사람은 내가 실수했을 때는 엄격하다'고 생각할 때 리더로서 수준이 크게 오른다.

예를 들어 부하가 거짓말을 하거나 얼렁뚱땅 넘어간다면 엄하게 조치할 것이라고 미리 얘기해둔다. 만약 그런 행동을 했다면 지금까지의 부드럽고 편안한 분위기를 180도 바꾸고, 왜 이런 일이 발생했는지 엄격하게 따져 물을 필요가 있다.

꾸지람을 들으면
실력이 느는 사람

세미나와 강연에서 자주 받는 공통적인 질문이 있다. "꾸짖어도 괜찮은 사람은 어떤 사람인가요?", "꾸짖어서 실력이 느는 사람의 특징은 무엇인가요?"이다.

이런 질문을 받으면 나는 "여러분 주위에 꾸짖기 쉬운 부하가 있습니까? 한번 잘 생각해보세요. 만약 있다면 여러분은 그 사람을 싫어하지 않을 겁니다. 오히려 호감을 느끼고 있고, 그에게 많은 것을 바랄 겁니다. 그런 사람이야말로 꾸짖으면 실력이 느는 사람입니다"라고 대답한다.

이들은 엄하게 꾸짖어도 당신을 따른다. 몇 번을 꾸짖어도 당신에게 배우려 하고, 의욕을 잃지 않는다.

이왕에 꾸짖을 거라면 그럴 만한 가치가 있는 사람을 꾸짖는 것이 좋지 않을까. 꾸짖었을 때 실력이 늘 만한 자질을 갖춘 사람인지 아닌지를 구분하는 것은 매우 중요한 일이다. 꾸지람을 듣고 실력이 느는 사람의 유형은 세 가지로 구분할 수 있다.

꾸지람을 듣고도 다시 찾아오는 사람

진취적인 사람은 실수한 일, 꾸지람을 들은 일을 자신의 성장을 위한 자양분이라고 생각한다. 이런 사람은 꾸지람을 들은 후에도 업무에 대해 배우기 위해 상사인 당신을 찾아오는 경우가 많다. 예를 들어 "앞으로 주의하겠습니다", "지적해주셔서 감사합니다"라고 말한다.

평상시의 근무 태도나 대화 속에서 이런 진취적인 사고방식을 지니고 있고, 꾸지람을 들은 후에도 당신을 찾아오는 부하가 있다면 한번 기대해볼 만하다.

누가 보지 않아도 열심히 하는 사람

성실함도 실력이 느는 사람의 조건이라 할 수 있다. 나는 '성실한 사람은 거짓말을 하지 못하는 사람'이라고 생각한다. 성실하게 업무에 임하는 사람은 자잘한 업무도 최선을 다하고, 지시받은 일은 책임감을 갖고 완수하며, 누가 보지 않아도 항상 열심히 한다.

이런 사람은 꾸짖으면 반드시 성장한다. 책임을 다른 사람에게 전가하지 않고, 스스로 짊어질 수 있는 성실함이 있기 때문이다.

다만 이런 사람은 말주변이 없어서 자신의 성과를 과시하지 못하는 경우가 있다. 상사인 당신이 그들의 행동과 업무 결과를 지켜봐 주는 게 중요하다.

상사와 터놓고 논쟁할 수 있는 사람

솔직함은 실력이 늘기 위한 조건 중 가장 필수적인 요소라고 할 수 있다.

솔직한 사람은 "이 부분이 잘못됐으니 고쳤으면 좋겠네"라는 꾸지람을 들으면 이를 받아들여 반성하고, 자신의 행동을 바꿀 수 있다. 중요한 것은 자신의 잘못이 무엇인지 확실하게 이해해야만 사고방식을 바꿀 수 있다는 점이다. 이런 솔직함을 지닌 부하가 있다면 소중히 여겨야 한다.

이들은 상사와 논의하려고 하고, 이해가 될 때까지 이야기를 나누려고 한다. 이런 부하 역시 솔직하고, 마음이 아름다운 사람

꾸지람을 들으면 실력이 느는 사람의 유형

1 진취적인 사람

`Check Point`

실수를 자신이 성장하는 데 필요한 자양분이라고 생각하는가?

- -

2 성실히 업무에 임하는 사람

`Check Point`

어떤 업무라도 열심히 하는가?
누가 보지 않아도 열심히 하는가?

- -

3 솔직한 사람

`Check Point`

지적을 받아들이고, 개선하는 모습을 보이는가?

이를 간파하는 것이 상사인 당신의 임무다!

이다. 이런 부하는 꾸짖어 이해시킨다면 반드시 크게 성장할 것
이다. 솔직한 부하와의 논쟁은 리더인 당신에게도 플러스 요인이
된다.

　꾸지람을 듣고도 실력이 느는 부하의 자질을 구분해내기 위해
서는 남의 비위를 맞추는 겉모습에 현혹돼서는 안 된다. 꾸지람
을 듣고 바로 개선 효과가 나타나는지, 그저 "알겠다"며 입으로만
말하는지 잘 살펴야 한다. 리더는 정당하게 사람을 평가하는 안
목을 키워야 한다.

꾸짖음은 모두에게 공평해야 한다

리더인 당신이 미움받을 용기를 내 상대방을 꾸짖었지만, 그 조언을 받아들이기는커녕 당신을 멀리하는 부하가 있을 수 있다. 리더로서 경험을 쌓는 과정에서 언젠가 한 번은 이런 부하와 함께 일하게 될 것이다.

만약 이런 부하가 있다면 '진심으로 키워보고 싶다'는 생각이 전혀 들지 않을 것이다. 주의받는 것을 싫어하고, 꾸짖은 사람을 뒤에서 험담하는 부하는 '꾸짖음'이라는 방식으로 이끌어가기 어렵다는 생각이 들 수 있다.

하지만 어느 한 부하 직원만 특혜를 줘 꾸짖지 않는 건 곤란하다. 노골적으로 차별 대우를 한다면 다른 직원들과의 관계에 문제가 생길 수도 있다.

　꾸지람을 싫어하는 부하에게도 실수나 부족한 부분에 대해서는 반드시 짚고 넘어가야 한다. 이때 중요한 것은 '상대방의 성장'을 기대하지 않는 것이다. 기대하기 때문에 감정적이 되고, 엄격하게 지도하게 된다.

　부하 역시 상사에게 진심 어린 조언이나 충고를 기대하지 않는다면, 당신이 아무리 좋은 의도로 꾸짖어도 마음은 멀어지고, 관계는 악화될 것이다. 그러므로 부하의 행동을 바꾸기 위해 너무 애쓰지는 말자. 이때는 다른 직원들과의 형평성을 생각해 문제가 되는 부분만 지적하면 된다.

　다음 장부터 '꾸짖음의 기본 기술'과 '신뢰 관계를 견고히 하는 방법'에 대해 논의하겠지만, 그런 방법으로도 개선되지 않는다면 꾸짖어도 실력이 늘지 않는 사람이라고 생각하고 지도하는 것이 좋다. 하지만 일시적인 감정으로 '이 사람은 아예 꾸짖을 가치가 없다'고 단정 짓는 건 피해야 한다.

　그밖에 같은 실수를 몇 번이나 반복하는 부하에게도 주의를 줄 필요가 있다. 업무에 의욕이 있는 사람은 한 번의 실수에서 많은 것을 배운다. 만약 꾸지람을 듣고도 같은 실수를 반복한다면, '향상심'이 없는 사람이라고 생각하라. 이런 사람은 조직에 민폐를 끼치지 않을 정도로만 꾸짖으면 된다.

앞서 말한 것처럼 꾸짖음은 모두에게 공평해야 한다. 단, 상대방이 당신의 꾸지람을 어디까지 받아들일 수 있는지 파악하는 것이 중요하다. 그 '정도'를 안다면 상대의 특성에 맞게 꾸짖는 기술을 다르게 적용할 수 있고, 그 효과는 배가될 것이다.

PART 2

관계를 망치지 않고
꾸짖는 기술

실패하지 않는 꾸짖음의 4단계

꾸짖는 기술에는 일종의 패턴이나 흐름이 있다. 다음의 네 단계로 간단히 정리할 수 있다. 언제 어디서든 꾸짖는 기술을 활용하기 위해 머릿속에 잘 넣어두기 바란다.

① 알린다.

상사는 부하에게 '무엇을 실수했는지 알고 있다', '그런 행동은 불쾌하다'라는 사실을 알려야 한다. 구체적으로 "○○ 건으로 할 이야기가 있네", "잠시 이야기 좀 할까?"라고 말을 건넨다.

② 이해시킨다.

'꾸지람을 들어도 어쩔 수 없다', '상사인 내가 아무 말도 하지 않으면 다른 사람에게 민폐를 끼칠지도 모른다'라는 사실을 이해 시킨다. 이때 중요한 건 "이건 ~라는 이유로 자네에게 좋지 않네" 라고 말해 상대방이 꾸지람을 듣는 이유를 알린다.

③ 반성하게 한다.

꾸짖는 이유를 이해시키고, 다음에는 같은 실수를 하지 않았으면 좋겠다는 메시지를 전하면서 반성하게 한다.

④ 개선하게 한다.

앞으로 어떻게 나아지는지 지켜보겠다는 메시지를 전한다. 개선을 위한 행동을 자발적으로 실행하게 한다.

세미나와 강연을 돌며 리더들의 이야기를 들어보면 많은 이들이 '알린다'에서 시작하는 것이 아니라 느닷없이 '반성하게 한다'에서 시작한다는 사실을 알 수 있었다. 이런 일이 벌어지는 이유는 상사가 부하의 성장을 위해 꾸짖는 게 아니라 자신의 감정을 해소하기 위해 화를 내고 있기 때문이다. '나는 화가 나 있다', '나에게 이런 모욕을 주다니'라며 감정을 드러내는 것이 목적이기 때

꾸짖음의 4단계를 머릿속에 넣어둬라

Step 1 알린다.

> A 씨, ○○ 건으로
> 할 이야기가 있네.

부하에게 말을 건다.

Step 2 이해시킨다.

> 이건 자네에게
> 좋지 않은 일이야.

꾸짖는 이유를 전달한다.

Step 3 반성하게 한다.

확실히 이해시키고, 반성하게 한다.

Step 4 개선하게 한다.

개선을 위한 행동을 자발적으로 실행하게 한다.

'꾸짖음의 패턴'을 파악해두면 효과적으로 꾸짖을 수 있다. 흔히 범하는 오류는
1단계를 건너뛰고 3단계에서 시작하는 것이다. 이 4단계를 기억하고 활용해보자.

문에 난데없이 '어쨌거나 반성하라'고 부하를 몰아붙이는 것이다.

'지금 이 타이밍에 꾸짖으면 상대에게 힘이 된다', '이런 방법으로 꾸짖으면 사고를 미리 방지할 수 있다'라는 꾸짖음의 목표를 설정한다면, 자연스럽게 1단계에서 4단계로 이어지는 과정을 밟을 수 있다.

꾸짖기 전에
강도를 미리 정한다

　부하나 후배의 행동에는 심하게 꾸짖지 않아도 되는 가벼운 것도 있고, 절대로 그냥 넘겨서는 안 되는 중요한 것도 있다. 따라서 꾸짖는 방법은 그 중요도에 따라 바뀌어야 한다.

　상대방을 효과적으로 꾸짖기 위해서는 그 '정도'를 미리 정하고 이에 맞게 방법에 변화를 주는 것이 중요하다. 꾸짖음의 강약을 조절할 수 있으면 더욱 효과적으로 부하를 지도할 수 있다. 이는 유능한 리더가 되기 위한 첫걸음이다.

　꾸짖는 내용에 따라서 방법을 '상, 중, 하'의 3단계로 나눌 수 있다. 단계마다 어떻게 달라지는지 살펴보자.

나무라는 정도로 꾸짖는다(하)

예를 들어 말을 걸어도 멍하게 앉아 대답하지 않는다든지, 복사하는 것을 깜빡 잊은 것처럼 일부러 불러서 꾸짖을 필요가 없는 일은 웃으며 타이르는 정도로 충분하다.

"A 씨, 멍하게 앉아 있으면 되나?"라고 스스럼없이 말하는 것이 좋고, 부하가 쑥스럽게 웃는 여유를 보일 정도면 충분하다.

따로 불러 주의를 준다(중)

상대방을 불러서 시간을 들여 주의를 줄 때 택하는 방법이다. 같은 실수를 반복할 때, 개선의 여지가 보이지 않을 때, 혹은 가만히 두면 앞으로 큰 문제로 발전할 우려가 있는 경우에 '중'에 해당하는 정도로 꾸짖으면 된다.

상사가 따로 불러 지도한다는 것만으로도 부하는 꽤 큰 압박감을 받을 것이다. 그러므로 매서운 표정이나 엄격한 말투는 필요 없다. 온화한 표정과 냉정한 어투로 지도하면 된다. 상사의 의연한 태도와 말투는 상대가 꽤 엄격하게 꾸지람을 들었다는 인상을 받게 한다.

매우 엄하게 꾸짖는다(상)

　'이런 일은 절대로 용서할 수 없다'라는 생각이 들 때는 만사를 제쳐 놓고라도 엄하게 꾸짖을 필요가 있다. 엄격한 표정과 말투도 필요하다. 하지만 머리는 냉정함을 잃어서는 안 된다. 꾸짖는 리더 본인의 자세를 바르게 하는 것도 중요하다. 상사의 바른 자세, 매서운 표정, 엄격한 말투를 접한 부하는 자연스럽게 자세를 바로잡고 상사의 말을 진지하게 들을 것이다.

　엄하게 꾸짖을 때는 반드시 다른 사람이 없는 장소와 시간을 택해야 한다. 부하에게도 '자존심'이 있다는 사실을 기억하자. 꾸지람을 듣는 모습을 다른 사람, 특히 비슷한 세대의 동료에게는 보이고 싶지 않을 것이다. 상대방이 치욕을 느끼게 하는 건 꾸짖음의 목적이 아니다.

　당신이 누군가를 엄하게 꾸짖는 일이 자주 있지는 않을 것이다. 하지만 그렇기 때문에 효과가 크다고 할 수 있다.

　평소에는 온화한 태도로 지도하던 상사가 갑자기 엄격하게 꾸짖으면 부하는 자신의 행동이 절대로 용서받을 수 없다는 것을 깨닫고 반성하게 된다.

　상대방에게 반드시 전달하고 싶은 메시지가 있다면 엄격하게 꾸짖고, 그렇지 않다면 부드럽게 꾸짖으면 된다. 이렇게 꾸짖는

꾸짖기 전에 강도를 미리 정하라

Level 1 나무라는 정도로 꾸짖는다.

부드러운 말투로
웃으면서 타이르듯
꾸짖는다.

Level 2 따로 불러 주의를 준다.

따로 불러서
의연한 태도와 말투로
꾸짖는다.

Level 3 매우 엄하게 꾸짖는다.

회의실 같은 독립된
공간에서 1 대 1로 꾸짖
는다. 표정은 엄격하고
머리는 냉정해야 한다.

꾸 짖 는
기   술

방법에 강약을 조절함으로써 좀 더 효과적이고 확실하게 당신의 생각을 부하에게 전할 수 있다.

꾸짖기 전에 그 정도를 미리 정하는 것은 매우 중요하다. 그렇지 않으면 엄하게 꾸짖을 일이 아닌데도, 꾸짖는 도중에 감정이 격해져 상대방에게 상처 주는 말을 할 수 있다. 반대로 엄하게 꾸짖어야 할 때 가볍게 짚고 넘어간다면 부하가 문제의 심각성을 눈치채지 못할 수도 있다. 그러므로 사안에 따라 얼마나 꾸짖을지 강도를 잘 조절해야 한다.

마지막에는 안심시킨다

부하를 엄하게 꾸짖을 때 '이건 부하를 위하는 길이다', '이 정도는 견뎌주겠지'라고 생각하는 건 당신이 진심으로 상대방의 성장을 바라기 때문이다.

하지만 당신의 진의와는 달리 이런 엄격한 자세가 부하에게는 큰 부담으로 작용한다는 사실을 잊으면 안 된다.

열심히 일하던 직원이 그 누구에게도 상의할 수 없는 고민으로 힘들어하던 나머지 회사를 그만둔 사례를 자주 듣는다. 당신이 부하나 후배에게 기대하는 바가 크고, 또 그들의 성장을 바라는 마음이 있다는 건 잘 안다. 하지만 상대의 성격이나 상황을 잘 파악하고 지도하지 않으면 상대를 몰아붙이는 결과를 초래할 수 있다. 그러므로 꾸짖은 다음에는 사후 관리가 필요하다. 구체적인 방법은 다음과 같다.

배려의 말이 상처가 될 수 있다

혹시 다음과 같은 말을 해본 적이 있는가? 부하가 고객의 클레임에 대응하느라 긴 시간 고생하고 있을 때 "힘내서 열심히 하게!"라고 한마디 건네는 경우가 있다. 하지만 부하는 '이렇게 열심히 하고 있는데, 뭘 더 열심히 하라는 거지?'라는 생각에 상처를 받을 수 있다.

또 실수를 연발해서 낙담하고 있을 때 "무리하지 말게"라고 말한다면, 부하는 '나는 이 일을 해결할 수 없다는 말인가?'라며 자신에게는 아무런 기대를 하지 않는다고 받아들여 더욱 낙담하게 된다.

이 두 경우 모두 부하를 배려해서 한 말이고, 악의는 전혀 없다. 하지만 의도와는 다르게 해석할 수 있으므로 리더로서 세심한 주의를 기울일 필요가 있다.

그렇다면 부하나 후배를 몰아붙이지 않고 지도하기 위해서는 어떤 것들에 주의해야 할까?

누구나 완벽하게 업무를 처리할 수는 없다. 특히 업무에 익숙하지 않거나 경험이 부족한 신입 직원은 다양한 실수를 한다. 상사의 입장에서는 '어째서 이런 단순한 일도 못 하지?'라고 생각할 때도 있을 것이다.

이럴 때 상대방은 초라한 기분으로 당신 앞에 설 것이다. 당신은 부하의 실수 때문에 매우 화가 나 있을 수도 있다. 그렇다고 해서 "지금 뭐 하자는 건가?", "이제까지 뭘 배운 건가?"라며 추궁해서는 안 된다. 상대방은 이미 자신의 실수에 대해 크게 반성하고 있을 것이다. '이런 바보 같은 실수를 하다니'라면서 자책하는 건 실수한 당사자인 부하라는 것을 잊으면 안 된다. 당신이 별생각 없이 던진 한마디는 상대방을 궁지에 몰아넣을 수도 있다는 사실을 잊지 말자.

직장에서는 매우 다양한 일이 벌어지지만, 퇴근할 때는 모두 밝은 마음으로 집으로 향할 수 있었으면 좋겠다. '마지막이 좋으면 다 좋다'는 말도 있지 않은가.

특히 꾸짖은 다음에는 "오늘 하루 고생했네", "실수할 수도 있지. 다음에는 잘 해보게"라고 다독이는 말을 건네면 어떨까. 부하가 '비록 상사에게 혼이 났지만 내 일에 충실한 하루였다'라고 생각하면서 직장을 나설 수 있도록 배려해보자.

퇴근 전 당신의 짧은 한마디가 부하에게는 내일의 활력소가 될 것이다.

꾸짖은 후에는 안심하고 퇴근할 수 있게 하라

누구라도 혼이 나면 우울해진다.

꾸지람을 들은 사람에게는 짧은 격려의 말도 힘이 된다.

어떤 상황에서도 흥분하지 마라

주의를 주고 있는데도 반성하는 태도를 보이지 않는 부하가 있다. 그런 모습을 보면 화가 머리끝까지 치민다. 마음속으로 '부하의 성장을 위해 꾸짖는 것이지 미워서 그런 게 아니다'라고 되뇌어도 상대를 미워하는 마음이 좀처럼 가라앉지 않을 것이다.

감정이 고조되면 분노가 끓어오르고, 꾸짖는 목적과 이유를 잊게 되며, '그래서 저 사람은 안 되는 거야'라며 인격을 모독하는 상황에 이른다.

당신이 감정적이 되면 부하는 자신의 행동을 돌아보며 반성하지 않고 '화가 많이 난 것 같은데, 빨리 끝내줬으면 좋겠다'라고 생각하면서 상사가 분을 삭일 때까지 기다리게 된다. 겉으로는 반성하는 척하면서 그 상황을 모면하려고 하는 것이다.

앞서 자신의 화난 상태를 해소하기 위해 감정을 드러내는 것이 '분노'이고, 상대방의 성장을 위해 쓴소리하는 것이 '꾸짖음'이라고 이야기했다. 상대방을 위하는 마음을 유지하기 위해서는 냉정해야 한다.

상대를 반성하게 하고, 행동을 바꾸고 싶다면 감정을 억누르고 냉정하게 꾸짖지 않으면 안 된다.

한 박자 쉬고 꾸짖어라

가장 중요한 것은 '꾸짖어야겠다고 생각한 순간'에 꾸짖으면 안 된다.

예를 들어 부하의 실수를 보고 '아니 저 친구는 뭘 하는 거지?', '주의하라고 해야겠군', "A 씨 잠깐 나 좀 봐요"라고 말하는 과정을 떠올려보라.

이처럼 꾸짖어야겠다고 생각한 바로 그 순간 꾸짖으면 꾸짖는 과정에서 점점 화가 나고, 감정이 격해진다. 결과적으로 자신의 분노를 해소하기 위해 꾸짖은 꼴이 된다.

꾸짖는 것도 타이밍이 있다. 시간을 질질 끄는 것은 좋지 않지만, 그렇다고 무작정 화를 내는 것도 좋은 방법은 아니다.

꾸짖는 타이밍이 중요하다

✕ '꾸짖어야겠다는 생각이 든 순간' 꾸짖는다.

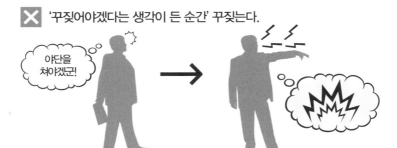

화가 치밀어 올라 감정적이 되기 쉽다.

◎ 3초간 기다렸다가 꾸짖는다.

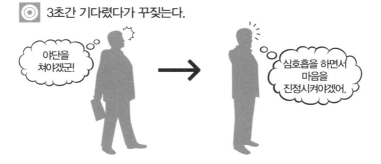

감정을 제어할 수 있는지 확인한다.

우선 3초간 기다리는 방법을 추천한다. 감정이 격해졌다고 느끼면 시선을 다른 곳으로 옮기거나 심호흡을 하면서 마음을 진정시킨다. 꾸짖어야 할 부하를 보고 있으면 냉정함을 잃을 수 있다. 이때 다른 부하를 보는 것도 방법이다. 그러면 자연스럽게 기분이 가라앉는다. 꾸짖을 때는 항상 자신의 감정을 제어하고 있는지 확인해야 한다.

약간 기술적인 부분이지만 꾸짖기 전에 '최악의 사태를 생각하는 것'도 냉정함을 유지하는 데 도움이 된다. '만약 내 감정대로 부하를 꾸짖는다면 어떻게 될 것인가?'를 상상해보는 것이다. 어쩌면 부하는 회사를 그만두고, 당신은 관리자로서 실격이라는 낙인이 찍힐지도 모른다. 혹은 다른 부하들에게 신뢰를 잃고, 직장에서 고립될지도 모른다.

이것은 어디까지나 가정이지만 '상상할 수 있는 최악의 사태'를 생각하는 건 냉정함을 되찾는 좋은 방법이다.

일의 사정을 먼저 파악한다

부하를 꾸짖을 때는 '사실을 말하면서 꾸짖어야 한다'는 점을 기억하자.

예를 들어 부하가 거래처에 관련 자료를 메일로 보내야 하는 일을 잊었다고 가정해보자. "부탁한 자료는 거래처에 보냈습니까?"라고 말하면서 먼저 그 일을 잊은 건 아닌지 확인해야 한다. 왜 꾸짖는지, 무엇을 위해서 꾸짖는지 확실히 하기 위해서는 사실을 파악해야 한다.

이때 부하가 "죄송합니다"라고 말한다면, 다음부터는 잊지 말라는 메시지만 전달하면 된다. 하지만 항상 일이 쉽게 풀리는 것은 아니다. 뭔가 하고 싶은 이야기가 있는 표정을 짓거나 상사의 지도를 진심으로 받아들이지 않는 부하도 있다. 그럴 때는 냉정하고 온화하게 대응해야 한다.

"내게 할 말이 있나?"라고 물어보자. 그러면 부하는 동시에 두 가지 업무를 진행했다든지 다른 부서에서 연락을 늦게 받았다는 등 실수하게 된 경위를 말하기 시작할 것이다.

상대방의 사정을 파악해두지 않으면 정확한 지도를 할 수 없다. 이럴 때는 "그런 일이 있었군. 고생했네"라는 말과 함께 상대방의 사정을 이해한다는 의사를 표시하는 것이 중요하다.

또 "그런 경우에는 먼저 할 수 있는 일이 무엇인지 생각할 필요가 있네", "도저히 무리라는 생각이 들면 나에게 바로 알려주게"라고 말해야 한다. 상대의 사정을 파악하고 꾸짖는 것과 결과만 가지고 꾸짖는 것은 사후에 지도할 때 하늘과 땅만큼이나 차이가 난다.

변명에도 귀를 기울인다

앞에서 말한 사례와 같이 '사실을 명확히 한다', '질문한다 (꾸짖는다)', '부하가 변명한다'와 같은 순서로 진행되는 경우가 많다. 이때 피해야 할 것은 변명하는 부하에게 "변명하지 마라"며 질책하는 것이다. 문제를 빨리 해결해야 하는 상황이라면 변명하는 행동에 화가 나겠지만 참아야 한다.

부하가 변명하는 건 그것이 맞는 말이든 아니든 하고 싶은 말이 있다는 의미다. 그러므로 리더는 우선 부하의 이야기에 귀를 기울여야 한다.

앞서 나온 다른 부서에서 늦게 연락을 받은 경우를 생각해보자. 부하가 잘못된 연락 방법을 취했거나 미리 그 부서에 재촉하지 않았을 가능성이 크다. 가끔은 다른 부서의 담당자에게 문제가 있거나 전사적으로 업무 협조가 되지 않는 경우도 있다.

이처럼 부하의 변명에는 '현장의 진실'이나 '문제 해결을 위한 힌트'가 숨어 있다는 사실을 리더인 당신은 알아야 한다.

원래 꾸짖음이란 부하를 성장시키기 위한 것이다. 변명에 부하가 성장하기 위한 힌트, 업무 효율화를 위한 열쇠가 숨어 있다는 사실을 잊지 말자.

사실을 파악한 후 꾸짖어라

지시한 업무가 처리되지 않은 경우

1 우선 상대방의 이야기를 듣는다.

음 그렇군.

거래처가 급하게
부탁한 일이 있어서
늦었습니다.

2 상대방의 사정(사실)을 이해한다는 걸 알리고 꾸짖는다.

잘 알겠네.
다음부터는
미리 얘기해주게.

네, 죄송합니다.

부하와 같은 수준으로 싸우지 않는다

　'저 친구를 건드리면 괜히 시끄러워진다', '저 친구가 고집을 피우기 시작하면 일이 복잡해진다'라면서 특정 부하를 특별하게 대우하는 순간, 편애하는 상사가 된다. 그러면 다른 부하들에게 '저 상사는 사람에 따라서 태도가 달라진다', '목소리가 큰 사람 앞에서는 한 발짝 물러난다'며 실망스러운 평가를 받고, 지금까지 쌓은 신뢰를 한번에 잃을 수도 있다.

　모든 부하가 순순히 당신의 지도를 받아들이면 좋겠지만, 현실은 그렇지 않다.

　당신에게 꾸지람을 들을 때 부하의 모습을 떠올려보라. '미안하다는 듯 고개를 떨구고 있는 부하', '당신을 응시하며 진지하게 꾸지람을 듣는 부하', '불만이 가득한 표정과 불손한 자세로 당신의 말을 듣는 부하' 등 사람마다 태도는 매우 다양하다.

상대방의 태도에 따라 우울해지기도 하고, 화가 머리끝까지 치밀어 오를 때도 있을 것이다. 꾸지람을 듣는 사람보다 꾸짖는 사람이 더 힘들다는 말을 누구보다 잘 이해할 거로 생각한다. 그런 리더를 위해 부하의 태도에 영향을 받지 않으면서 잘 꾸짖기 위한 마음가짐을 소개하겠다.

꾸지람을 들을 때 눈을 돌리거나 건성으로 듣거나 대놓고 불쾌하다는 표정을 짓는 부하가 있다고 해보자. 당신은 상사이자 연장자인 자신에게 이런 태도를 보이는 걸 용서하지 못할 것이다. 하지만 이때 절대로 감정을 드러내면 안 된다.

특정한 누군가에게 좋지 않은 감정이 있었다면, 그 부하가 실수했을 때 이때다 싶어 그간 쌓아둔 분노를 폭발하기 쉽다. "도대체 상사를 뭐로 생각하는 거야?"라고 반응한다면 당신에 대한 불신감이라는 불에 기름을 붓는 결과를 초래하게 될 것이다.

아무리 불손한 태도를 보여도 그 순간에는 성숙한 어른의 마음으로 흘려보내야 한다. 부하 직원과 같은 수준으로 싸우면 안 된다. 그리고 꾸짖음의 원래 목적을 다시 확인하고, 냉정하게 꾸짖기 위한 자세를 다잡아야 한다. 부하는 감정적인 사람보다 냉정하게 꾸짖는 사람을 더 엄격한 존재로 받아들인다.

험담은 한 귀로 듣고 한 귀로 흘린다

뒤에서 당신을 험담하는 부하가 있다고 가정해보자. 그럴 때 당신은 자신을 '부하들이 꽤 의식하는 존재'로 생각하고 긍정적인 마음으로 받아들이는 게 좋다. 이렇게 생각하면 이상하게도 상대방이 작고 귀엽게 느껴지는 법이다. 이런 태도는 리더의 자신감과도 연결된다.

'사람 위에 선다'는 것은 이런 게 아닐까? 때로는 부하나 후배가 떠드는 좋지 않은 소문을 들을 때도 있을 것이다. 하지만 기본적으로 나쁜 소문은 믿지 않는 게 좋다.

사람 위에 서기 위해서는 자신의 눈으로 상대방을 보고, 자신의 머리로 평가해야 한다. 그래야 공정하게 판단을 내리고, 냉정하게 꾸짖을 수 있다.

다른 사람들의 소문을 믿으면 색안경을 쓰고 부하를 보게 된다. 그러면 부당한 방법으로 부하를 꾸짖는 일이 생길 수 있다.

실수한 행위에 대해서만 꾸짖는다

    죄는 미워하되 사람은 미워하지 말라는 말이 있다. 부하를 꾸짖을 때 명심해야 하는 금언이다.

    누군가의 실수에 대해서는 그 실수에 알맞은 방법으로 꾸짖어야 한다. 이때 꾸짖음의 대상은 상대가 범한 실수나 사회인으로서 예의에 어긋난 행위여야만 한다.

    무언가를 빙빙 돌려서 얘기하거나 오랜 시간 설명하면 당신의 진정한 의도가 전달되지 않고, 오해를 받을 수도 있다. 행위에 대해서 꾸짖는다는 것은 상대방이 제대로 처리하지 못한 부분만을 지적한다는 의미다.

    예를 들어 전화 응대를 제대로 하지 못해 거래처를 화나게 한 부하가 있다고 해보자. "예의를 모르니 대책이 서지 않는다"며 싫은 소리를 퍼부을 수도 있다. 하지만 다음과 같이 말해보자.

"그런 말투로 이야기하면 오해를 받습니다."

"우선 상대방의 이야기를 제대로 들읍시다."

"목소리가 그렇게 작으면 상대방이 들을 수 없어요."

"지금 예를 들어 한 말은 상대방에게 실례가 됩니다."

지적할 부분만 지적하고 개선해야 할 행위 외에는 어떤 말도 해서는 안 된다. 말이 길어지면 자신도 모르게 "보통 한 번 얘기하면 충분히 알아듣네만", "이번이 도대체 몇 번째인가?"라는 식으로 비꼬게 된다.

"인사를 제대로 하지 않는군. 앞으로는 잘하도록 하게"라고 말하는 것과 "인사 하나 제대로 못 하다니 지금까지 뭘 배운 건가?"라고 말하는 것은 상대방이 전혀 다르게 받아들인다. 상대를 비꼬고 싶은 순간에는 후자와 같은 말투가 나온다.

몇 번이나 같은 것을 지도해야 하는 경우 화가 나는 것은 이해하지만, 이럴 때 어른스럽게 자신의 언행을 돌아보자. 부하들은 비꼬는 말투나 싫은 소리를 하는 상사를 절대 신뢰하지 않는다. 부하나 후배의 성장을 위해서 꾸짖는다는 것을 염두에 둔다면 자연스럽게 상대방에게 상처 주는 말을 하지 않게 될 것이다.

시간차를 두고 꾸짖는다

신경이 쓰이는 행동이나 실수는 그 자리에서 바로 주의를 주지 않으면 효과가 없다. 세부적인 일이라고 해서 타이밍을 놓치거나 시간이 있을 때 지도하면 된다고 생각해 미루면 중대한 실수가 발생하거나 상하 관계가 무너질 수 있다.

하지만 예외적으로 조금 시간을 가진 후 지도하는 것이 효과적일 때도 있다. 그 세 가지 경우는 다음과 같다.

직원들 사이에 문제가 생기면 일단 두고 본다

리더는 문제가 생기면 바로 해결하고 싶은 마음에 중재에 나서게 마련이다. 하지만 부하들 사이에서 생긴 문제는 대등한 입장을 가진 이들끼리의 싸움이기 때문에 일정 기간 모르는 척하는 것이 좋다.

다른 직원들이 싸움에 휘말리거나 업무에 악영향을 미치게 됐을 때 중재하면 된다. 이때 "문제를 일으키는 것은 곤란하다"고 꾸짖거나, "서로 반성하라"며 설교하는 것은 효과가 없다. 오히려 그들 틈에 개입한 당신이 비난받게 될 수도 있다.

이때 문제가 발생하게 된 원인과 왜 상대방이 화가 났는지를 생각하게 하는 것이 좋다. 그리고 어떻게 하면 충돌을 피할 수 있는지, 이런 일이 생기면 어떤 악영향이 생기는지 서로 충분히 생각하도록 해 당사자들이 반성하도록 이끌어야 한다.

불성실한 근무 태도는 눈여겨본다

회의에 참여하는 태도가 나쁘고, 업무에 집중하지 않는다는 느낌이 들거나 자주 지각한다면 바로 주의를 주지 않고 상대를 관찰해야 한다.

예를 들어 회의 중에 멍한 모습을 보이거나 회의 내용에 집중하지 않는 태도를 보이면 회의를 마치고 "오늘 회의에서 가장 중요한 사항은 뭐죠?", "오늘 내가 한 질문 말인데, 어떻게 생각하나?"라고 회의에 집중한 사람만이 대답할 수 있는 질문을 해보자.

부하가 우물쭈물한다면 "다음 회의까지 제대로 대답해주길 바라네!"라며 격려하는 말을 건넨다. 그러면 상대방은 '다음 시간부터는 더 집중해야겠군'이라며 반성할 것이다. 상사인 당신이 주시하고 있다는 것을 의식하고 기대에 부응하고자 마음을 고쳐먹을 것이다.

그렇게 하는 것이 "좀 더 열정을 보여주게", "똑바로 듣게"라고 말하는 것보다 훨씬 효과적이다.

개인의 실수를 팀 전체가 되돌아보게 한다

팀 전체가 활력을 잃거나 집중력이 떨어지면 실수가 잦아진다. 그럴 때는 실수한 본인은 물론 다른 팀원들도 생각하게 할 필요가 있다.

팀원을 모두 모아서 "너희 일할 마음이 있는 거야?"라고 호통을 치거나 특정 부하를 모든 사람 앞에서 꾸짖는 건 전혀 효과적이지 않다. 일시적인 자극은 될 수 있지만, 절대 오래가지 않는다. 이럴 때는 팀원 각자의 의식을 바꿀 필요가 있다.

잘못된 언행이나 집중력이 모자란 태도는 바로잡아야 한다. 한 사람의 이런 행동은 결코 한 사람의 문제로 끝나지 않는다. 대부

시간을 갖고 차분히 꾸짖어라

1 인간관계에 문제가 생겼을 때

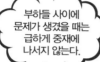

> 부하들 사이에
> 문제가 생겼을 때는
> 급하게 중재에
> 나서지 않는다.

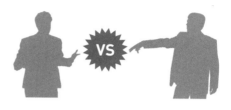

2 열의가 느껴지지 않을 때

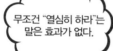

> 무조건 "열심히 하라"는
> 말은 효과가 없다.

3 팀 전체를 꾸짖을 때

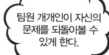

> 팀원 개개인이 자신의
> 문제를 되돌아볼 수
> 있게 한다.

분 업무는 개인이 아니라 팀 차원에서 이루어지는데, 누군가 이런 태도를 오랜 시간 보인다면, 주변 동료들에게 영향을 줄 수밖에 없다. 잘못된 행동이 허용되고, 집중하지 않는 분위기가 조직 전체에 물들 수 있기 때문이다. 이렇게 되기 전에 리더인 당신이 나서서 막아야 한다.

이 주제에 대해서는 PART 4의 '개인의 실수도 팀 전체가 책임진다'에서 자세히 설명하겠다.

인격을 모독하는 말은
절대 하지 않는다

　같은 실수를 반복하는 부하나 태도가 불손한 후배를 보면 '도대체 몇 번을 얘기해야 알아듣는 거야?'라는 생각이 든다.

　이럴 때는 매우 조심해야 한다. 상대방의 성장을 위해서가 아니라 그저 상대의 인격을 부정하며 공격적으로 꾸짖을 우려가 있기 때문이다. 이런 꾸짖음은 상대의 성장에 아무런 영향을 주지 못하며, 오히려 원망의 말을 들을 수도 있다. 상대방의 인격을 모독하지 않으려면 어떤 것들에 주의해야 할까?

네 가지 금기어

혹시 부하에게 다음과 같은 말을 한 적이 있지는 않은가?

"그래서 자네는 안 되는 거야."
→ 평소 상사에게 구제 불능인 사람으로 취급받는다고 느낄 수 있다.

"도대체 몇 번이나 같은 말을 하게 하나?"
→ 자신은 부족한 사람이라고 생각해 자신감을 잃는다.

"이 정도의 일도 못 하는가?"
→ 자신의 능력을 완전히 부정당했다고 여긴다.

"역시 자네에게는 무리였군."
→ 자신에게 처음부터 기대조차 하지 않았다고 여겨 상처를 입는다.

이 말들은 몇 번이나 주의를 줬지만 같은 실수를 반복하거나 반성의 기색이 없는 상대방에게 너무 화가 난 나머지 무의식중에 뱉는 말들이다. 생각 없이 내뱉은 말은 상대의 마음에 상처를 입힌다. 그 사람의 인격을 부정하는 말들이기 때문이다.

"자네는 구제 불능이야"라고 말하면 부하는 어떻게 생각할까? '나는 도대체 뭘 하고 있었지?', '상사는 나를 더는 어떻게 할 수 없는 부하라고 생각하겠지?'라며 자신의 인격 자체를 부정당했다는 생각에 자신감을 잃고, 긍정적인 자세로 업무에 임하지 못할

인격을 부정하는 말은 하지 마라

꾸짖을 때 절대 해서는 안 되는 말

1 그래서 자네는 안 되는 거야.

----

2 도대체 몇 번이나 같은 말을 하게 하나?

----

3 이 정도의 일도 못 하는가?

----

4 역시 자네에게는 무리였군.

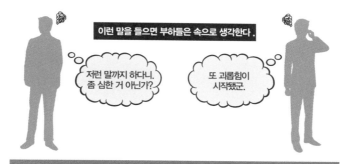

이런 말을 들으면 부하들은 속으로 생각한다.

저런 말까지 하다니. 좀 심한 거 아닌가?

또 괴롭힘이 시작됐군.

꾸지람을 들은 사람은 물론 다른 직원들의 신뢰를 잃는다.

수도 있다.

또는 '나를 눈엣가시로 생각하는군', '도대체 어쩌자는 거지? 언젠가 꼭 되돌려주겠어'라며 상사에 대한 원망이 커질 수도 있다. 부하가 어떤 생각을 하든 인격을 부정하는 말은 사람 위에 서는 리더라면 절대 해서는 안 된다.

만약 그런 말을 했다면 주위 사람들은 당신을 어떻게 생각할까? 상사로서 신뢰할 수 있는 사람이라고 생각하지 않을 것이다. '다시 괴롭힘이 시작됐군', '끈질기기도 하지'라며 부하나 동료들에게 비판적인 시선을 받게 된다.

부하를 꾸짖을 때 주위 사람들은 당신의 말 한마디에도 주목하고 있다는 사실을 잊지 말아야 한다.

자존심을 건드리지 않는다

당연한 말이지만 부하나 후배에게도 자존심이 있다. 아랫사람이라는 이유로 무시하거나 모자란 사람으로 취급하는 상사는 많지 않을 것이다. 그러나 무의식중에 상대방의 자존심에 상처를 주는 경우가 있다.

부하를 한 사람의 인간으로서 예의를 갖춰 대하기 위해서 주의해야 할 것들을 생각해보자.

직장의 인간관계는 업무상으로는 모두 경쟁자 관계에 있다. 그래서 많은 직장인은 자신의 업무상 실수를 동료가 알아차리는 것에 매우 민감하다. 더욱이 상사에게 혼나는 모습을 보이는 것은 무슨 일이 있어도 피하고자 한다. 많은 사람 앞에서 크게 꾸지람을 듣는 일이 생긴다면 부하의 자존감은 무너질 것이다. 아무리 중대한 실수를 했어도 사람들이 보는 앞에서 꾸짖는 것은 피해야 한다.

능력을 폄하하지 않는다

부하가 실수했을 때 "이 일을 부탁한 내가 잘못이네"라는 말로 은근히 상대방을 책망하는 사람이 있다. 이런 말은 상대방의 능력을 경시하는 마음을 나타낸 것으로 상대는 자존심에 큰 상처를 입는다.

예전에는 '복사하거나 커피를 타는 건 여자의 업무'라는 말을 쉽게 하는 사람들이 있었다. 요즘에는 그런 말을 노골적으로 하지는 않지만, 상대방을 경시하는 자세가 바로 이런 것이다.

업무 지시를 할 때 "이 정도라면 할 수 있겠지?", "자네도 할 수 있지 않나?"라고 말하는 것 역시 상대방에게 상처가 될 수 있다. 능력 밖의 일을 맡았다고 생각해 부담을 느낄 것이다. 또 보란 듯이 잘 해내기 위해 애쓰겠지만, 일을 하면서도 '과연 내가 잘하고 있는 것인가' 하는 의문이 들 것이다.

업무 능력이 낮다는 평가를 받고, 가볍게 여겨지는 것은 직장인의 입장에서는 굴욕적이고 자존심에 상처를 입는 일이다. 젊고 경험이 없다는 이유로 부하를 경시하는 것은 상사로서도 인간으로서도 잘못된 행동이라는 것을 명심해야 한다.

PART 3

마음을 얻는
꾸짖는 기술

인사에 위아래를 두지 않는다

씩씩하고 경쾌하게 인사하는 것만으로 의욕이 넘치는 사람으로 보이고, 주위 사람들에게 좋은 인상을 줄 수 있다.

특히 아침 인사는 매우 중요해서 "안녕하십니까. 좋은 아침입니다"라는 말 한마디로 처져 있던 기분이 '업'되기도 한다. 인사는 소통의 기본이다.

인사 정도로 얼마나 많은 것이 변할까 싶겠지만, 인사를 잘하는 팀은 필연적으로 소통의 총량이 늘고 실적에도 좋은 영향을 미친다. 이는 리더로서 놓쳐서는 안 되는 포인트다.

하지만 아쉽게도 인사를 제대로 하지 않는 사람이 많다. 상사가 먼저 인사해도 눈조차 마주치지 않고 지나가는 부하도 있다.

특히 최근에 이런 사람이 부쩍 늘었는데, 당신의 회사는 어떤가? 인사를 잘 하지 않는 부하 한두 명은 있을 것이다.

상사인 당신을 만나도 인사하지 않고 지나친다면 물론 화가 날 것이다. 그리고 사회생활 선배로서 인사의 중요성을 알려줘야겠다고 생각할 것이다.

하지만 인사를 안 했다는 이유로 꾸짖자니 좀스러운 사람으로 비칠 것 같고, 주의를 주면 하루를 시작하는 아침부터 기분이 나빠질 것 같아 주저하게 된다. 당신에게도 그런 경험이 있지 않나?

따라서 인사는 자기 자신을 위해서 한다고 생각해야 한다. 아랫사람이 먼저 인사해야 한다든지 인사하지 않은 상대의 행동을 되돌릴 수 있다는 기대를 버려야 한다. 인사는 그 행위 자체만으로 기분이 좋아지는 일이므로 상대에게 바라지 말고 먼저 하는 것이 좋다.

이렇게 사고방식을 바꿔 나이와 입장과는 상관없이 먼저 인사하면 상대방 역시 인사로 화답할 것이다. 부하가 인사하지 않는 건 상사인 당신이 나서서 인사하지 않기 때문인 경우가 많다.

부하들이 인사를 잘하길 바란다면 상사인 당신이 솔선해서 인사하는 것이 효과적이다. 이보다 더 좋은 방법은 없다.

인사하지 못하는 부하는 '인사'로 다스린다

상사가 인사해도 모른 척하는 부하에게는 절대 화를 내면 안 된다. 웃는 얼굴로 눈을 마주 보며 다시 인사해보자. 부하는 자신이 먼저 인사하지 않았다는 점을 깨닫고 반성할 것이다.

처음에는 알아차리지 못해도 상사인 당신이 계속 인사한다면 윗사람에게 먼저 인사하지 않은 것이 큰 실례라는 사실을 깨닫게 될 것이다. 먼저 인사한 당신은 기분이 좋아지고, 부하에게는 반성의 기회를 줄 수 있으니 이거야말로 일거양득이 아닐까.

그런데도 끝까지 인사하지 않는 직원이 있다면 무시당했다고 생각하거나, 감정적으로 화를 내면 안 된다. 부하를 불러 엄하게 꾸짖는다면 서로의 기분만 상할 뿐 인사하는 습관을 들이기 위한 애초의 목적을 달성할 수 없다.

"좋은 아침이야. 이렇게 인사를 나누면 기분이 좋지 않나?"라면서 밝게 웃는 얼굴로 인사하는 습관을 가르친다면 부하 역시 느끼는 바가 있을 것이다.

인사하지 않는 부하를 꾸짖는 방법

❌ 직접 꾸짖는다.

꾸짖어도 큰 효과가 없고, 분위기만 나빠진다.

◎ 먼저 인사한다.

상사가 먼저 인사하면 부하는 자연스럽게 반성한다.

침묵의 꾸짖음이 더 무섭다

　　지각한 사람을 기다리는 습관을 들이면 시간개념이 느슨해지
는 분위기가 생긴다. 그러므로 늦게 온 사람을 기다릴 필요는 없
다. 이는 리더로서 철저히 이해해야 할 부분이다. 늦게 온 사람을
기다리는 건 시간을 지킨 사람을 소홀히 여기는 것과 같다.

　　정시가 되면 회의를 시작하고 정해진 시간에 회의를 마친다.
그렇게 해야 시간을 지키지 않은 부하에게 '앞으로 늦으면 안 되
겠다'는 반성의 기회를 줄 수 있다.

　　'침묵의 꾸짖음'도 효과적이다. 회의에 늦게 들어온 부하가 있
다고 해보자. 다른 직원들은 나눠준 자료를 토대로 의견을 나누
지만, 늦게 들어온 사람은 그들의 이야기에 참여하지 못한다.

시간개념이 없는 부하를 꾸짖는 방법

1 기다리지 않는다.

정각에 회의를
시작하겠습니다.

지각하는 사람이 있어도 절대 기다리지 않는다.

2 침묵으로 꾸짖는다.

굉장히 화가 난
모양이야…….

지각해서
죄송합니다.

……

슬쩍 보고는 아무 말도 하지 않는다.

이럴 때 상사는 "빨리 자리에 앉게"라고 말하고 싶어도 꾹 참아야 한다. 늦게 들어온 부하를 슬쩍 쳐다본 다음 아무 말도 하지 않고 회의를 계속 진행하라. 지각한 부하가 참기 힘든 분위기를 조성해 다음부터는 늦지 말아야겠다는 생각을 스스로 하게 한다.

반드시 상대방의 이름을 부른다

요즘 부하의 이름을 불러 무언가를 물어도 만족스러운 답을 얻지 못하는 경우가 늘고 있다. 심지어 상사가 말하는 중에도 지금은 업무 때문에 바쁘다는 듯 아무 말 없이 사라지는 사람도 있다.

리더의 입장에서는 매우 괴로운 상황이다. 부하에게 신뢰받지 못하고 있다는 불안한 생각이 들 수도 있다. 이럴 때는 "똑바로 대답하라"며 언짢은 얼굴로 화를 내고 싶지만, 지금까지 말했던 것처럼 이런 직접적인 방법은 피해야 한다.

상대방에게 화를 내면 결국 원하는 대답은 듣지 못하게 되고, 설령 대답을 들어도 당신의 나쁜 인상만 각인된다.

혹시 부하에게 말을 걸 때 "잠깐 시간 좀 내주게", 혹은 "이것

대답을 제대로 하지 않는 부하를 꾸짖는 방법

1 반드시 이름을 부른다.

옆자리에 있어도 눈을 마주치고, 이름을 부른다.

2 회의 시간을 활용한다.

약간 곤란하다는 표정을 지으면서 말하면 효과가 더 크다.

좀 부탁할게"처럼 용건만 전달하지는 않는가? 그렇다면 부하도 기분이 썩 내키지 않는다. 바로 옆자리에 앉아 있어도, 상대방과 눈이 마주쳐도 반드시 상대의 이름을 부르는 것이 좋다.

이름이 불리면 사람은 자신이 중요하게 여겨진다고 느낀다. 부하가 제대로 대답하지 않는다고 고민하기 전에 우선 자신의 행동을 돌아볼 필요가 있다.

그리고 "B 씨, 이 서류 좀 정리해주세요"라고 부탁했을 때 "네"라는 대답 없이 바로 작업하는 사람이 있다. 이럴 때는 "B 씨?" 하고 다시 이름을 부르는 게 좋다. 약간 당황스러워하는 사람, 이상하게 생각하는 사람 등 반응은 다양하지만, 대부분은 "네"라고 대답할 것이다.

기회가 있을 때마다 "네?", "무슨 일이십니까?"라고 대답할 수 있게 유도하자. 부하가 대답하지 않고 그대로 업무를 진행한다면, 상사의 물음에 답해야 한다는 생각을 할 수 없기 때문이다.

이름을 불러도 절대 대답하지 않는 경우를 가정해보자. 이때는 상대방에게서 일부러 눈길을 피하라. 그리고 "오늘 A 씨는 휴가인가?", "외출 중인가?"라며 다른 사람에게 물어보자. 대부분 자신의 이야기라는 걸 눈치채고 서둘러 대답할 것이다. 조금은 엄격한 방법이기 때문에 사후 관리가 필요하다.

회의 시간을 활용해 질문한다

회의의 결론을 내면서 참가자들의 의견을 물을 때가 있다. 이때 당신의 부하들은 제대로 반응하고 있는가?

고개를 숙이거나 당신의 눈길을 피해 의사를 표현하지 않는 사람이 대부분일 것이다. 이때가 기회다. "어떤 말이라도 좋으니 대답했으면 좋겠네. 자신의 의사는 표현하는 게 좋아"라며 조금은 곤란한 얼굴로 계속 같은 질문을 하라. 그러면 어떤 말이라도 하려고 노력할 것이다.

상대의 반응은 리더의 방침에 대해 직원들이 어떤 생각을 하고 있는지 확인하는 좋은 방법이다. 그들의 대답을 가볍게 생각하지 말고, 반응이 없는 부하에게는 꼭 이 방법을 써보기 바란다.

'미안하다'는
말의 효과를 가르친다

'미안하다'는 말에는 자신의 잘못을 반성하고 앞으로는 같은 실수를 반복하지 않겠다는 다짐과 주변에 피해를 준 것에 대한 미안함이 담겨 있다. 또 주변의 분위기를 정리하는 효과가 있다. 미안하다는 말을 할 줄 아는 것은 직장인에게 꼭 필요한 요소다.

그런데 요즘 자존감이 높아 머리를 숙이는 행동에 거부감을 보이는 사람들이 많다. 그러므로 상사인 당신이 가르쳐야 한다.

살다 보면 잘잘못을 떠나서 머리를 숙여야 하는 일이 생긴다. 경험이 많은 상사나 리더는 구체적인 사례를 쉽게 떠올릴 수 있을 것이다.

하지만 이때 "나는 잘못한 것이 없다"며 버티는 부하가 있다고 해보자. 설령 그것이 말도 안 되는 누군가의 클레임이어도 그 사람과 대화할 수 있는 분위기를 만드는 것이 가장 중요하므로, 우선은 미안하다는 말의 효과를 가르칠 필요가 있다.

거래처의 실수로 업무에 문제가 생길 수도 있다. 의도치 않은 엇갈림이 반복돼 발생한 문제라 결코 당신의 부하만 잘못한 게 아니라고 가정해보자. 하지만 이때도 "폐를 끼쳐 죄송합니다"라고 사과하면 모든 문제는 해결된다.

거래처로부터 "자네 탓만은 아니네", "그래도 고생했네"라는 말을 듣게 될 것이다. 그런데 내 잘못이 아니라며 머리를 숙이지 않는다면 그 일과 관련된 사람들의 기분은 해소되지 않는다. 최악에는 "사과 한마디도 할 줄 모르나?", "당신은 민폐야"라는 비난을 받을 수도 있다.

그렇다 해도 미안하다는 말을 할 때까지 꾸짖는 건 잘못됐다. "왜 그렇게 까다롭나?", "모두가 당신을 싫어할 거야"와 같은 인격에 상처를 주는 말을 해서도 안 된다. 당신의 기분은 나아지겠지만 미안하다는 말을 하도록 강요한 것에 지나지 않는다.

이럴 때는 부하에게 왜 지금 미안하다는 말이 필요한지, 무엇이 상대방을 기분 나쁘게 했는지 가르치는 것이 중요하다.

자신의 잘못을 고백하게 한다

거짓말을 하거나 실수를 숨기거나 책임을 남에게 떠넘겨서 자신의 잘못을 무마하려는 사람이 있다.

회사의 업무는 '신용'을 바탕으로 성립된다. 조직에 거짓말이 통용되는 풍토가 만들어지면 쉽게 거짓 보고를 하고, 고객이나 거래처에 성실하지 못한 대응을 하는 등 여러 문제가 생긴다.

작은 거짓말은 서서히 큰 거짓말로 발전한다. 일일 보고나 휴식 시간에 대한 허위 보고, 회사 비품의 사유화와 같이 일상에서 일어날 법한 거짓말이나 '대충주의'는 절대 용납하면 안 된다.

거짓말이나 은폐를 용서하지 않는 것은 결과적으로 그 부하를 위하는 일이고, 회사를 위하는 일이다. 그러므로 아무리 작은 거짓말이라도 엄중하게 대처해야 한다.

거짓말하거나 은폐하는 사람은 '그 순간'을 대충 넘기면 책임을 피할 수 있다고 생각한다. 그리고 한 번이라도 눈속임에 성공하면 이를 반복하게 된다. 그렇다면 이런 부하는 어떻게 꾸짖으면 좋을까?

우선 "거짓말하지 마라"고 직접 꾸짖으면 안 된다. 부하를 생각하면 엄격한 어조로 말하고 싶지만 참아야 한다. 이렇게 꾸짖으면 부하는 "자네는 거짓말쟁이에 최악의 인간이다"라는 말을 들은 것과 같은 인격 자체를 부정당한 느낌을 받는다. 혹은 '사람들 앞에서 치욕스럽게 만들다니'라면서 원망할 가능성도 있다.

이럴 때는 상대가 직접 "잘못했다"는 말을 하도록 꾸짖어야 한다. 거짓말할 때는 말이 모순되거나 질의와 응답이 원활하지 않고, 분명 어딘가 문제점이 있기 마련이다.

혹시 거짓말하고 있다는 생각이 들거나 상대방의 행동이 수상하다면 당신의 생각을 전달해야 한다. "지금 사실을 말하면 문제를 바로잡을 수 있지만, 어물쩍 넘기려 한다면 모든 게 자네의 잘못이 되네"라고 말해 상대의 거짓말에 대해 알고 있다는 사실을 알린다. 그리고 정직하게 말하도록 유도한다.

혹은 부하의 이야기를 들으면서 "그것참 이상하군. 말의 앞뒤가 맞지 않은데?"라고 말하며 상대의 눈을 보면서 고개를 갸우뚱

거짓말한 부하를 꾸짖는 방법

'거짓말하고 있다'는 확신이 들 때

△ 직접 혼낸다.

왜 거짓말을 하는 건가?

상대방의 인격을 부정할 수 있다.

◎ 거짓말한 사실을 인정하도록 한다.

사실을 이야기해주지 않겠나?

실은……

사실이나 구체적인 데이터를 활용해서 자신의 잘못을 인정하도록 한다.

해보자. "A 씨에게 확인해볼게요"라고 말하면서 다른 동료에게 들은 정보가 있다는 사실을 알아차리게 하는 것도 좋은 방법이다. 기록으로 남긴 자료를 요청하는 것도 좋다.

이때 온화한 표정과 말투를 해도 켕기는 것이 있는 부하는 매우 큰 압박으로 느낀다. 어떤 방법을 사용하건 스스로 거짓말했다고 고백할 수밖에 없다. 이러면 꾸짖어도 분위기가 험악해지지 않고, 부하에게 깊은 반성의 기회를 줄 수 있어 일거양득의 효과가 있다.

꾸짖은 다음에는 도대체 왜 그런 일을 했는지 물어보자. 그 대답은 앞으로 부하를 지도하는 데 활용할 재료가 된다. 피치 못할 사정이 있었을 수도 있기 때문이다. 그런 경우에는 "솔직히 이야기해줘서 고맙다"는 말과 함께 당신이 그 상황을 이해했다는 사실을 알리는 것이 좋다. 그러면 부하는 '저 사람이라면 어떤 일이라도 이야기할 수 있다'라는 생각이 들고, 상사에 대한 신뢰가 쌓인다.

지시를 제대로 들을 수 있게
상황을 만들어준다

부하에게 지시나 명령을 했을 때 정확히 전달되지 않거나 부하가 제대로 듣지 않을 때가 있다.

흔히 생기는 사례를 예로 들어보겠다. 상사는 부하에게 "이 견적서를 다음 주까지 완성해서 A사에 보내주게"라고 지시했다. 다른 업무에 쫓기면서도 부하는 "예, 알겠습니다"라고 대답하며 자리로 돌아가 앉는다.

여기서 말하는 '다음 주까지'가 다음 주 월요일인지, 금요일 오후까지인지에 따라 업무 진행 방향은 크게 달라진다. 이 경우 애매하게 지시를 내린 상사도 문제지만 상사의 지시를 대충 듣고, 애매한 상태로 둔 부하에게도 책임이 있다.

여기에서 한 가지 질문을 하겠다. 당신은 자신이 지시한 것을 부하가 제대로 알아들었을 거로 생각하는가? 만약 그렇다면 그런 생각은 버리는 것이 좋다.

아무리 상사의 지시라도 당장의 일이 바쁘다 보면 '지금은 그런 이야기를 들을 때가 아니다'라고 생각해 눈앞의 업무를 먼저 처리하게 된다. 또 한바탕 업무를 처리하고 넋이 나간 상태에서 상사의 지시를 들었을 수도 있다.

이런 일을 막기 위해서 당신은 상대방이 당신의 이야기를 꼭 들어야만 하는 '상황'을 만들어줄 필요가 있다.

문제가 생기면 "도대체 내가 한 말을 듣기는 한 건가?"라며 화내고 싶을 것이다. 물론 지시를 대충 들은 부하를 꾸짖는 것도 잘못은 아니다. 하지만 일이 벌어지고 꾸짖는 것은 의미가 없다.

그러므로 당신이 지시할 때, 바로 그 순간에 꾸짖어야 한다. 부하가 당신의 말을 듣고 있는지 확인하고 만약 제대로 이해하지 못한다면 꾸짖을 수 있는 상황을 만들어야 한다. 부하는 그런 상사의 이야기를 듣기 위해 자세를 갖출 것이다. 그런 자세는 다음의 몇 가지 방법으로 만들 수 있다.

하던 일을 멈추게 한다

부하가 서류를 만들거나 자료를 보거나 기획을 구상하는 중이라면 그 작업을 일시적으로 중단시킨다. 다른 업무를 하면서 동시에 지시나 명령을 듣는 건 절대 하지 못하게 한다. "다들(혹은 A 씨) 잠시 업무를 중단하고 내 이야기를 들어주게"라고 말해 상대가 지금 하는 일을 멈추게 한다.

마주 보고 듣게 한다

'이야기를 들을 때는 반드시 말하는 사람을 본다.' 이것이 기본자세다. 기본이 안 된 부하는 이 습관을 몸에 익히게 해야 한다. 방법은 사물을 보이면서 이야기하는 것이다.

예를 들어 손으로 서류를 짚어가며 "이거(서류), 잘 보세요"라고 말한다면 자연스럽게 부하의 시선이 서류에 집중될 것이다. 서류에 대한 설명을 마치면 "이 건에 대한 이야기인데⋯⋯"라면서 본론에 들어간다. 이렇게 하면 상대방은 필연적으로 당신 앞에 서서 지시를 듣게 된다.

만약 몸은 옆으로 돌리고 고개만 당신 쪽으로 하거나 뒤로 돌은 채 이야기를 듣는다면 "내 말을 배로 듣게(등지지 말고 앞을 보게)"

라고 약간의 유머를 넣어 자세를 고치도록 하자.

눈을 마주친다

눈을 마주치지 않으면 듣는 사람은 이야기의 내용이 자신과는 크게 상관이 없다고 느낄 수 있다. 반대로 눈을 마주치면 그 이야기가 자기 일처럼 다가온다.

이야기를 나눌 때는 듣는 사람의 눈을 보자. 먼저 상대방이 내 쪽을 보는지 확인하고 이야기를 시작한다. 많은 사람에게 이야기할 때는 좌중을 둘러보며 모든 사람과 눈을 맞추자. 이야기 도중에도 최대한 많은 사람과 눈을 맞추는 것이 좋다.

중간에 질문을 던진다

이야기를 듣는 것 같지만, 마음은 다른 곳에 가 있는 사람도 있다. 그들은 시선이 분산되거나 멍한 표정을 짓고 있어 알아차리기 쉽다.

이럴 때는 "A 씨, 어떻게 생각하나?"라고 질문을 던져보자. 아마도 깜짝 놀라 곤란하다는 표정으로 당신을 바라볼 것이다. 그러고는 주위를 두리번거리다가 "잘 모르겠습니다", "생각해보겠습니다"라고 대답하며 위기를 모면할 것이다.

이때 상사가 "음, 그렇게 하지"라고 말해주는 것만으로 꾸지람의 효과는 충분히 발휘된다. "사람이 하는 말을 좀 똑바로 듣게"라는 식으로 꾸짖으면 상대방을 창피하게 할 뿐이다. 조용히 도망갈 길을 만들어주면서 반성하도록 꾸짖는 것도 좋은 방법이다.

반항적인 태도는
더 관대하게 대한다

　　상사의 지시나 명령에 이의를 제기하거나 노골적으로 회피하거나 혹은 불쾌한 표정을 짓는 반항적인 태도를 보이는 부하가 있다. 이런 사람의 행동은 다른 직원들에게도 좋지 않은 영향을 미치고, 조직의 질서를 어지럽힌다. 이를 그대로 내버려두면 상사인 당신의 권위를 잃게 되고, 관리 능력을 의심받을 수 있다.

　　이럴 때 당신이라면 어떻게 하겠는가?

　　문제가 있는 부하를 무조건 야단치는 건 쉽지만 그런 방법으로는 아무것도 해결할 수 없다. 반항적인 부하는 주위에 다른 직원들을 의식하면서 꾸짖는 것이 포인트다.

　　예를 들어 부하의 반항적인 태도에 상사인 당신이 냉정함을 잃고 대응한다면 다른 부하들은 어떻게 생각할까? 결코 '잘했다'고 생각하지 않는다. '부하 직원과 같은 수준으로 싸우다니, 그릇이 작네', '부하 직원에게 당하다니, 앞으로 저 사람을 믿을 수 있을까?'와 같이 실망스러운 평가를 받을 수 있다.

그러므로 부하가 당신을 화나게 할수록 상사인 당신은 냉정함을 유지해야 한다. 반항적인 부하와 같은 수준에서 싸우지 말고, 이들을 상사의 입장에서 대하는 것이 중요하다. 조직을 책임지는 사람의 권위와 부하가 성장했으면 하는 마음을 담아 관대한 자세로 대응해야 한다.

상대의 불만에 질문으로 대응한다

회사의 경영 방침에 대해 "사장님의 생각은 이해할 수 없어. 이대로 가면 큰일 날 거야"라면서 비판적인 자세를 보이는 부하는 어떻게 꾸짖으면 좋을까?

이런 반항적인 태도를 보인다면 상대방에게 "왜 그렇게 생각하지?"라고 질문해보자. 상대방이 "XX가 잘못된 것 같습니다. 저만 그런 게 아니라 모두 같은 생각입니다"라며 불만을 토로한다면 "잘 알겠네. 그렇다면 앞으로 어떻게 해야 할까? 좋은 아이디어가 없을까?"라고 물어보자.

부하가 덤벼들 때는 우선 상대의 말을 인정해주고 스스로 생각하도록 해야 한다. 불평불만에 "지금 그게 무슨 말인가?"라든지, "자네는 입을 좀 다물게"라고 말하고 싶어도 참아야 한다. 절대 권위적으로 행동해서는 안 된다. 이때 위압적인 태도를 보인다면 상대방이나 주위의 부하들은 당신을 '자신의 위치를 이용해서 권력으로 짓누르는 상사'라고 생각할 것이다.

조용하지만 당당한 자세로 상대를 대해야 한다는 사실을 잊으면 안 된다.

억지로 이해시키지 않는다

상사나 선배에게 반항적인 태도를 보이는 것은 인정받고 싶은 욕구의 표현이고, 다른 동료에 대한 자기표현이기도 하다.

"어느 부분이 잘못됐는지 이해할 수 있게 설명해주셨으면 좋겠습니다"라면서 날카로운 눈빛으로 압박하는 경우도 있다. 이때 논리적으로 이해시키려고 해봤자 소용없다. 당신의 설명이 완벽하게 논리적이어도 부하를 만족하게 할 수는 없을 것이다. 이성적으로는 이해해도 당신에 대한 불만은 더욱 커질 것이다.

이럴 때는 "잘못된 부분은 경험을 쌓으면 알 수 있네. 그것보다 나는 자네의 그런 호기심이나 진취적인 모습을 긍정적으로 보고 있네. 앞으로 기대하겠네"와 같이 평소에 느끼는 상대방의 장점을 슬며시 전하는 것도 좋은 방법이다.

부하를 육성하기 위해서는 본인이 채 느끼지 못했던 장점을 발견하는 게 중요하다. 집중력이 뛰어나다든지 제출 기한을 잘 지킨다든지 독특한 발상을 한다든지 등 반항적인 부하의 긍정적인 면을 보려고 노력하라.

하지만 부하의 기분을 풀어주기 위해 저자세가 되어서는 안 된다. 다른 부하들과 똑같이 대해야 하고, 장점은 장점으로 인정하고, 잘못된 부분은 날카롭게 꾸짖어 반성하게 해야 한다.

이런 자세야말로 상사로서의 주가를 올리고, 많은 부하에게 신뢰받는 사람이 되는 지름길이다.

잡담의 허용 기준을 만든다

직장 내 분위기를 밝게 하고, 인간관계를 원활하게 하기 위해서는 어느 정도의 잡담은 허용해야 한다. 하지만 일과는 상관없는 이야기를 계속한다면 업무에 악영향을 미칠 수 있다. '이제 그만두게 해야겠다'고 생각했을 때 어떻게 꾸짖는 것이 좋을까?

잡담이 계속되어 주위의 짜증스러운 분위기가 느껴진다면 잡담하고 있는 부하에게 "A 씨, 잠시 얘기 좀 하지?"라고 당신의 자리로 부른다. 그리고 자료를 복사하거나 새롭게 작성하게 하거나 일정을 확인하는 등 사소한 업무 지시를 내린다.

하지만 대부분의 경우 당신의 이런 지시를 받고도 잡담하는 것에 대한 주의를 받았다는 걸 알아차리지 못한다. 이런 방법으로는 일시적으로 잡담하는 행위를 막을 수는 있지만 부하 스스로 잡담을 줄여야겠다고 반성하지는 못한다.

개선하는 모습이 보이지 않는다면 "이야기하는 도중에 미안한데"라고 말하며 부하를 부른다. 이렇게 문장을 바꾸는 것만으로 상대는 주의를 받았다는 걸 느끼게 된다.

쉬운 방법은 아니지만 "A 씨, B 씨, 즐겁게 이야기하는 것 같은데 어떤 내용인지 모두에게 알려주지 않겠어요?"라며 대화의 내용을 물어보는 방법도 있다. 포인트는 상사인 당신이 아니라 '모두'에게 알려달라고 말하는 것이다. 모든 사람 앞에서 이야기의 내용을 공개해달라는 말을 들으면 아마도 잡담하던 부하들은 고개를 숙이며 말을 잇지 못할 것이다. 잡담하는 행위를 직접 꾸짖는 것보다 효과적인 방법이다.

잡담이 많은 부하들을 꾸짖는 방법에 관해 설명했지만, 잡담을 한 마디도 허용하지 않는다면 오히려 업무 의욕을 떨어뜨릴 수 있다. 이때는 허용 기준을 만들어 놓을 필요가 있다.

만약 그 기준이 모호하면 "왜 나만 주의를 받지? A 씨가 잡담했을 때는 아무 말도 안 했는데"라는 불만이 나오게 된다.

예를 들어 잡담은 5분 정도가 적당하다, 다른 직원의 업무에 지장을 주지 않는 범위에서 허용한다, 차를 마시는 시간에만 허락한다 등 조직 분위기에 맞게 정하면 된다.

이렇게 나름의 기준을 만들어 모든 직원에게 공평하게 적용해야 한다. 이것이 습관화되면 직원들 사이에 쓸데없이 오랜 시간 잡담하는 일이 줄어들 것이다. 같은 공간에 있으면서 말 한마디 하지 않고 일만 하라는 것이 아니다. 개인적인 소통 없이 사무적인 관계만 맺는 것은 좋지 않다. 일하다가 잠시 머리를 식힐 때, 업무와 관련된 이야기를 하다가 자연스럽게 잡담 한두 마디를 나누는 것은 오히려 일의 능률을 높이고 직원들 사이의 관계를 부드럽게 하는 윤활유가 된다.

가끔은 방관하는 것도 나쁘지 않다

　회사마다 취업 규정이 마련되어 있다. 취업 규정은 법적 구속력이 있으므로 이를 지키지 않는 부하에게는 벌칙을 부과할 수 있다. 하지만 항상 규정과 벌칙을 운운하며 지도한다면 인간관계가 서먹해지고, 보람을 갖고 일할 수 있는 직장이라는 생각이 들지 않는다.

　규정은 회사의 신용을 지키고, 직원들 사이의 관계를 원활하게 유지하고, 업무 효율을 높이기 위해 만든 것이다. 규정을 제대로 지키도록 하는 것은 팀의 생산성 향상과도 연결된다. 이것은 리더의 중요한 업무 중 하나다.

　예를 들어 '복사기를 사용한 후 반드시 설정은 원위치로 돌려놓는다'는 규칙이 있는데, '그런 세세한 것까지 규정할 필요가 있을까'라고 생각해 지키지 않는 부하가 있다고 가정해보자.

그럴 때는 "복사기를 쓴 사람이 설정을 원위치로 돌려놓지 않아 열심히 만든 복사물의 배율이 잘못돼서 두 번 일해야 한다면 어떻겠는가?"라고 말한다. 일의 효율을 위해 규정이 있다는 걸 가르쳐야 한다.

이런 세세한 규정을 지켜야 원활하고 효율적으로 일이 돌아간다는 사실을 깨닫게 하자. 이때 규정의 목적과 이유를 상사 나름대로 소화해서 부하에게 설명할 수 있어야 한다.

그런데도 반복해서 규정을 지키지 않는다면 벌칙을 줘야 한다. 하지만 그런 일이 벌어지기 전에 '규정을 지키지 않아도 된다'며 내버려두는 것도 방법이다. 예를 들어 근무 시간에 업무와 무관한 일을 하거나 근무 시간을 속이거나 빈번히 지각하는 일에 주의를 줬는데도 그때뿐이라면, 혹은 시간이 지나면서 같은 실수를 다시 반복하거나 개선의 여지가 없을 때 쓰는 방법이다.

이미 여러 번 주의를 받은 상태에서 당신이 그런 태도를 보인다면 부하는 심각성을 느끼게 될 것이다. "그럼 나는 자네의 근무 시작 시각을 오후 1시로 알고 있으면 되는 건가?"와 같은 강한 메시지를 전달해보자. 그러면 상대방은 죄책감을 느끼거나 반대로 불만스러운 표정을 지을 것이다. 이때 단호하게 "아무리 주의를 쥐도 규정을 지키지 않으면 처벌을 고려할 수밖에 없네"라고 말해야 한다. 주의를 주는 선을 넘어 '처벌'이라는 강력한 제재를 언급하면 부하도 사태의 심각성을 깨닫고, 반성할 것이다.

싫어하는 일도 하게 만드는 기술

데이터 입력, 복사, 전화 응대, 손님맞이 등 회사에는 다양한 업무가 있다. 혹시 하기 싫은 업무는 뒷전으로 하고, 관여하지 않거나 도망가는 부하가 있는가?

데이터 입력이나 복사처럼 해도 티가 나지 않는 업무, 전화 응대나 손님을 맞는 것처럼 노동집약적인 업무는 하지 않으려고 꾀를 부리는 사람이 한두 명은 있을 것이다.

당신 부하의 얼굴을 떠올려보라. 잡다한 일을 솔선해서 하는 사람과 그렇지 않은 사람으로 나뉠 것이다. 이때 '누군가는 절대로 잡다한 업무를 하지 않는다'며 특정 직원에 대한 불만이 터져 나올 수 있다. 경험이 많은 리더에게도 이런 문제는 항상 따라다

닙다.

하지만 잡무는 덜 중요한 일이라고 생각해 피하는 부하에게도 주어진 업무에 전력을 다하는 자세를 일깨워줄 필요가 있다.

먼저 상사인 자신을 돌아보자. 자료를 내밀며 "30부 복사 부탁해요", "이 데이터는 꼭 입력해두세요"라고 용건만 전하지는 않나? "이것 좀 부탁해요"라고 말하는 것과 "이 데이터는 이번 프로젝트에 중요하니까 꼭 입력해뒀으면 하네"라고 말하는 것은 큰 차이가 있다. 부하는 일의 중요도를 다르게 파악할 것이다. 그 차이는 다음과 같다.

① 중요한 일이라고 말한다.
→ '중요한 일이기 때문에 상대방에게 부탁한다'는 자세를 보인다.

② 업무를 수행할 때 나타나는 장점을 말한다.
→ '이 일을 해내면 실력이 쌓이고, 출세로 이어진다'는 메시지를 전한다.

당신의 한마디는 부하에게 자신이 중요한 프로젝트에 참여하는 사람이라고 느끼게 한다. 업무 내용에 따라 의욕을 달리 보이는 부하에게는 매우 효과적인 방법이다.

최근에는 부하의 입장을 중요하게 생각해 지나치게 배려하는 경향이 있다. 하지만 부하를 진정으로 위한다면 그러지 않는 것

싫어하는 업무를 피하는 부하를 꾸짖는 방법

1 상대방의 의욕을 자극하는 말을 한다.

이 업무는 자네의 성과와 연결되네.

그런가? 그럼 한번 해봐야겠어.

중요한 업무라는 사실을 전한다.

2 다른 부하에게 그 일을 시킨다.

이 업무는 A 씨에게 맡기로 했네.

아, 이럴 수가.

회사에서 필요 없는 존재가 될 수도 있다는 경각심을 불러일으킨다.

이 좋다. 위에서 예를 든 전화 응대나 손님맞이처럼 부하가 꼭 해야 하는 업무를 하지 않는다면 반드시 주의를 줘야 한다. 해야 할 일을 하게 만드는 것도 리더인 당신의 업무다.

부하가 싫은 표정을 지으며 그 자리를 피하려 해도 "그 전화에 응대해주게", "손님이 오면 안내하고, 차를 내주게"라고 냉정한 얼굴로 지시해야 한다.

부하를 대신해서 당신이 도맡아 한 다음 꾸짖는 건 의미가 없다. 부하는 '처음부터 일을 시키면 될 것을'이라고 생각하며 반감을 보일 뿐이다.

싫어하는 업무를 피하는 태도가 심할 때는 "이 업무는 A 씨에게 맡기기로 했어"라고 말하며 다른 부하에게 지시한다. 누구나 상사가 지시한 일은 해야 한다고 알고 있다. 하지 않아도 된다는 당신의 말은 상대에게 자신을 회사에 필요 없는 존재, 상사에게 낮은 평가를 받는 존재로 인식하게 한다. 또 다른 동료에게 일을 맡긴다는 건 그 동료가 앞서간다는 걸 의미한다.

상사의 평가는 직장인에게 매우 큰 관심사이자 예민한 부분이다. 그 부분을 자극해 싫어하는 일도 기꺼운 마음으로 하게 하자.

도전하기 쉬운 환경을 만든다

    지시한 업무를 큰 실수 없이 해결하지만, 도전 정신이 부족한 부하가 있지 않은가? 새로운 것에 도전하지 않고 무난하게 자신의 업무만 처리한다면 크게 성장할 수 없다.

    왕성한 도전 정신과 의욕을 끌어내 직장의 활성화에 힘이 될 수 있게 하려면 무엇이 필요할까?

    자신의 실수에 신경질적인 반응을 보이거나 도전 정신이 부족한 부하는 상사에게 꾸지람을 듣는 일이 거의 없다. 꾸중을 들을 만한 과감한 일을 하지 못한다고도 할 수 있다.

    하지만 이런 부하도 꾸짖을 필요가 있다. "실수하기 때문에 성장하는 거네. 이번 일은 자네에게 큰 도움이 될 거야", "실수에 굴

하지 말고, 앞으로도 과감하게 도전하길 바라네"라며 꾸지람을 듣는 일이 나쁘지 않다는 것을 이해시키고, 동시에 도전하는 자세의 중요성도 전달한다.

지시받은 일만 하고, 도전 정신이 부족한 것은 부하에게만 그 원인이 있는 게 아니다. 도전하는 걸 두렵게 만들거나 실수에 엄격한 환경이라면 과감하게 뛰어들 수 없다. 도전하지 못하는 것은 조금이라도 실수하면 상사에게 혼나거나 동료에게 바보 취급을 당할지도 모른다는 불안감 때문이다. 그 결과, 과감한 도전이나 눈에 띄는 행동을 자제하고 실수하지 않을 무난한 일만 하게 되는 것이다.

평소 작은 실수에도 엄하게 책망하는 관리주의적인 지도를 하고 있지는 않은가? 만약 그렇다면 부하는 위축돼 어떤 일도 과감하게 추진하지 못한다. 실수하지 않고, 혼나지 않는 것에만 신경 쓰면서 일하게 될 것이다.

새로운 도전이나 어려운 업무를 성공으로 이끌기 위해서는 젊은 부하의 도전을 지켜보고, 실패하더라도 사후 관리할 수 환경을 만들기 위해 힘써야 한다.

| PART 4 |
대상별
꾸짖는 기술

연상의 부하는 정중하게 꾸짖는다

　　과거에는 연공서열을 중요시하는 회사가 대부분이었다. 하지만 최근에 능력과 성과를 중시하는 회사가 늘고 있고, 상사보다 나이 많은 부하를 거느리는 일이 예전보다 많아졌다. 과거의 조직 문화에 익숙한 사람이라면 이런 상황이 낯설 것이다. 하지만 요즘은 한 팀에 연상의 부하와 연하의 부하가 함께 있는 게 결코 특이한 일이 아니다. 이런 경우 특히 연상의 부하를 어떻게 꾸짖을지 고민하는 리더가 많은 것 같다.

　　이때 꾸짖기 어렵다는 이유로 부족한 부분이나 실수를 지적하지 않고, 못 본 척하는 것은 리더로서 실격이다. 몇 가지 포인트만 기억해두면 그들을 꾸짖는 것도 그리 어려운 일은 아니다.

연상의 부하는 인생의 선배다. 평소에도 존댓말과 정중한 말투를 사용해야 하지만, 꾸짖을 때는 더욱 그래야 한다. 연하의 부하와 같은 방법을 쓴다면 '나이도 어리면서 나를 깔본다'고 생각해 반발할 수 있다.

특히 남성 부하는 어린 상사가 자신을 꾸짖는 상황을 받아들이기 더 힘들어한다. 그런 부하에게 고압적인 자세로 지도, 명령, 지시한다면 인간관계가 손상될 수 있다. 그러므로 노골적으로 실수를 지적하거나 개선을 요구하지 않는 것이 좋다.

"여기 이 부분의 숫자 말입니다만, 다시 한 번 확인해주시겠습니까?", "거래처가 화가 난 모양입니다. 이유가 무엇인지 알려주시겠습니까?"처럼 상대방이 자신의 실수를 알아차릴 수 있도록 말한다.

이런 방법이라면 상대방의 체면을 구기지 않고, 인간관계를 유지하면서 꾸짖을 수 있다.

의지한다는 태도를 보인다

부하가 연상이라서 '나는 상사다. 저 사람이 나를 깔보게 해서는 안 된다'며 너무 상대방을 의식하고 있지는 않은가?

사실 이런 딱딱한 태도가 실패를 부른다. 부하지만 그들은 경험이 풍부해서 업무에 대한 자부심이 높다. 상사라도 자신보다 나이가 어리고 경험이 적은 사람이 실수를 지적한다면 받아들이지 못할 수도 있다. "이 부분은 바꿔주세요", "이것 좀 해주세요"라는 말은 큰 의미가 없다. 오히려 반발을 살 뿐이다.

연상의 부하를 이끌고 있다면 평소에 그에게 의지하는 태도가 중요하다. 꾸짖을 때도 이 '의지'를 드러내는 표현을 써야 한다. "이렇게 바꾸고 싶은데, 괜찮을까요?", "좋은 방법이 없을까요?"라고 말하며 상대에게 의지하고 있다는 메시지를 전달하면서 개선을 요구한다.

상대방이 오랫동안 일한 분야를 파악하고, 그의 경험에 의지하는 자세를 보여야 한다. 사람은 누군가가 자신에게 의지한다고 생각하면 호감을 느낀다. 그러면 자신에게 어려운 일이 생겼을 때 나이 어린 상사인 당신에게 기꺼이 상담을 요청할 것이다.

믿음에 대한 실망을 표현한다

부하가 당신보다 나이가 많으면 이전의 실적과 경험을 존중해서 자잘한 것은 지적하지 않고, 믿고 있다는 메시지를 보내는 것이 좋다. 그러다가 꼭 필요한 순간에 꾸짖어야 효과적이다.

예를 들어 상사인 당신의 확인이나 승인받는 것을 잊고 (또는 무시하고) 보고하지 않았다고 가정해보자. 상사인 당신의 결재 없이 일을 진행하는 것은 용서할 수 없는 일이다. 이때는 제대로 반성하게 하고, 다시는 같은 일이 발생하지 않도록 해야 한다. 상대방이 연상이라는 것을 고려한다면 다음과 같이 말할 수 있다.

"왜 보고하지 않으셨나요? (당신을 믿었는데) 아쉽군요."

믿었기 때문에 세세한 부분은 간섭하지 않고 그냥 넘겼는데, 문제가 생겨 유감이라는 메시지를 전한다. 큰 실수를 했을 때도 같은 방법으로 꾸짖으면 된다.

"왜 빨리 알리지 않으셨나요? (당신을 믿었는데) 아쉽네요."

평소 그다지 참견하지 않는 상사가 이렇게 말하면 꽤 신경이 쓰일 것이다. 오랫동안 질질 끌면서 이야기하지 말고, 꾸짖은 후에는 실수를 책임지는 데 힘을 쓴다. 그러면 상대방은 앞으로 더 자주 당신에게 보고하고 확인받을 것이다.

임시직이라고 눈치 보지 마라

어린 아르바이트생을 사원처럼 엄하게 혼냈더니 다음 날부터 출근하지 않거나 무단결근을 해서 교대 근무에 차질이 생겼다는 이야기를 들어봤을 것이다.

또는 신입 직원보다 회사 사정을 더 잘 아는 시간제 근무자가 제멋대로 회사 일을 좌지우지하는 경우도 있다. 그 사람이 없으면 일이 돌아가지 않거나, 그 사람만 할 수 있는 일이라 실수했다고 해서 무작정 꾸짖기 망설여진다. 이들은 어떻게 꾸짖는 게 좋을까?

상사나 교육 담당자는 시간제 근무자, 아르바이트생도 정직원과 마찬가지로 지도해야 한다.

젊은 아르바이트생 중에는 언제든지 그만둘 수 있다는 자세로 일하는 사람이 있다. 그들이 그만두면 곤란하기 때문에 꼭 주의를 줘야 할 때도 그러지 못하는 경우가 있다. 하지만 이런 태도가 그들을 오만하게 만든다.

"A 씨, 지각했네요. 시간은 반드시 지켜주세요", "제가 부탁한 일이 아직 안 됐군요"와 같이 의연하게 꾸짖어야 한다. 이때 중요한 건 절대 분노를 겉으로 드러내면 안 된다. 반성하는 기색이 보이지 않거나 건성으로 대답만 하는 등 상대방의 태도가 불손해도 "앞으로는 조심해주세요", "집에 돌아가기 전까지 해주세요"라고 건조하고 따끔하게 꾸짖어야 한다.

상대가 처한 상황을 먼저 이해한다

일은 열심히 하지만 요령이 없어서 자주 실수하는 시간제 근무자나 아르바이트생도 있다.

이런 경우 먼저 그 사람이 놓여 있는 상황이나 상대의 생각을 이해해주는 게 중요하다. "많이 바쁘죠? 그럴수록 차분하게 일하세요", "서두르는 마음은 잘 알겠어요. 그래도 조금 침착하게 처리해요"라고 말한다.

실수로 침울해진 상대방을 혼낸다면 업무 효율이 더 떨어진다.

상대방을 '이해한다'는 한마디를 건네면 안심하고 다시 일에 집중할 수 있고, 그런 당신에게 보답하려고 할 것이다. 열심히 일하는 모습을 보이는 사람에게는 그들의 마음을 인정해주고, 그다음 실수에 대해서 꾸짖어야 한다.

정중하게 도움을 요청한다

시간제 근무자 중에는 전근이 잦은 정규직보다 오랫동안 일했기 때문에 상사를 전혀 무서워하지 않는 사람이 있다. 이런 사람은 직접 꾸짖어도 효과가 없다. 오히려 엉뚱한 소문을 퍼뜨려 당신을 곤란에 빠뜨릴 수도 있다. 아주 심각한 경우가 아니라면 정면에서 부딪치는 일은 삼가야 한다.

이런 사람은 자신이 혼난다는 것을 알아차리지 못하게 꾸짖어야 한다. 절대 공공장소에서는 주의를 주지 말고, 일대일로 만날 수 있는 자리를 마련해 "항상 여러 가지로 신경 써줘서 고맙다"는 감사의 말로 이야기를 시작한다.

가벼운 이야기를 덧붙인 다음 "일을 좀 더 효율적으로 하고 싶은데, 도와주지 않겠나?", "기간 내에 실적을 달성하는 게 내 목표라네" 하고 말한다. 딱 이 정도만 해줬으면 한다는 의중을 전하는 것이다.

지시와 명령에 따르지 않는 사람도 협력을 요구하고, 의지하고 있다고 말하면 무턱대고 거절하지 않는다. 시간제 근무자에게 도움을 요청하는 자세를 보이고, 그들을 정직원과 평등하게 대해야 한다는 사실을 잊으면 안 된다.

다른 사람과 비교하지 않는다

아르바이트생이나 시간제 근무자는 자신과 다른 사람의 대우에 민감하게 반응한다. 그들에게 "○○ 씨를 본받으세요", "왜 ○○ 씨처럼 일하지 못하지?"와 같이 다른 사람과 비교하면서 꾸짖는 건 절대 해서는 안 된다.

정사원과 달리 조직과 인간관계에 대한 예속이 덜한 만큼 주저하지 않고 이의를 제기하거나, 당신의 상사에게 당신에 대한 불만을 말할 수도 있다. 당신이 제대로 된 지도를 해도 상대는 지위를 이용한 부당한 괴롭힘이라고 생각한다. 다른 사람과 비교하면서 꾸짖는 건 상대의 불신을 촉발할 뿐이다.

고객의 클레임에는
수용하는 자세를 보인다

거래처나 고객을 꾸짖는 일이 생기면 안 되지만, 비합리적인 요구나 합당하지 않은 이의 제기에 대해서는 필요한 사항을 전달하고 상대방을 이해시켜야 한다. 그렇게 해야 상대방의 기분을 풀고, 회사의 신뢰를 높일 수 있다.

부하가 처리하지 못한 안건(이의 제기)이 상사인 당신에게 돌아오는 경우가 있다. 이를 어떻게 해결하는지 부하는 물론 당신의 상사도 지켜보고 있다는 걸 기억하라.

이의를 제기한 고객에 대응하는 기본적인 방법을 알아보자. 고객이 클레임을 걸면 보통 그런 고객을 설득시키고 언쟁에서 지지 않으려는 생각에 방어적이 되기 쉽다. 하지만 그런 태도는 상대방을 더욱 화나게 할 뿐이다.

클레임을 건 고객을 상대할 때의 기본은 그가 왜 그런 이의를 제기했는지 이유를 확실하게 듣는 것이다. 고객의 말에 논리적으로 반박할 수 있어도 절대 도중에 말을 자르면 안 되고, 상대를 수용하겠다는 자세로 임해야 한다.

상대의 말을 들으면서 "아, ~라는 말씀이시죠?", "불만이 ~라는 말씀이시군요"라며 상대가 한 말을 복창한다. 이런 행동은 상대방의 생각을 이해한다는 메시지를 전달하는 것이고, 어떤 부분에 화가 났는지 원인을 찾고 이후 대응에 활용하기 위한 것이다. 예를 들어보자.

"아니, 이 쿠폰을 왜 사용하지 못한다는 거예요?"

"특별 판매 상품에는 사용하실 수 없습니다."

"몰랐다니까요."

"여기 쓰여 있습니다."

"이렇게 작은 글씨로요? 이렇게 써 놓으면 어떻게 알아요?"

"죄송합니다. 분명히 알기 어려우셨을 겁니다."

"그것도 모르고 저렇게 긴 줄을 기다렸잖아요."

"귀중한 시간을 허비하게 해서 대단히 죄송합니다."

이렇게 상대방의 불만을 잘 들어주고, 분노를 진정시키면서 문제가 어디에 있는지 확인한다.

감사의 마음을 전하면서 해결을 시도한다

상대방이 무엇 때문에 화가 났는지, 바라는 것이 무엇인지 알았다면 해결을 위한 대화를 시도한다. 당신이 상대를 유도하고 있다는 느낌을 주지 않도록 하는 게 중요하다.

"당신들은 고객을 속이며 장사를 합니까?"

"오랜 시간 기다리게 해서 죄송합니다. 고객님께서 화가 나는 건 당연합니다."

"그럼 이 쿠폰은 사용할 수 있는 거죠?"

"죄송합니다. 다시 확인했습니다만, 사용하실 수는 없습니다."

"이런 식으로 하면 다른 고객들도 가만히 있지 않을 겁니다."

"중요한 의견을 주셔서 대단히 감사합니다. 오해가 없도록 조속히 대응하겠습니다."

"그럼 나는 어떻게 하면 되는 거죠?"

"이 특별 상품에는 사용하실 수 없지만, 비슷한 이쪽 제품은 어떠신지요?"

"나는 이 제품이 좋다니까요."

"고객님, 이건 우리 회사가 밀고 있는 제품입니다. 기능과 가격 면에서 특별 상품과 차이가 없다고 생각합니다."

"그렇다면 한번 생각해보죠."

"감사합니다. 제게 잠깐의 시간을 주신다면 제품에 대해 자세히 설명해드리겠습니다."

개중에는 이런 클레임을 악용해 이익을 노리는 사람도 있지만, 그 상황을 면하기 위해서 상대의 요구에 따르면 안 된다. 그러는 순간 당신은 회사를 '돈으로 문제를 해결하는 곳'으로 만들어버린다. 이는 리더로서 용납될 수 없는 일이다. 어디까지나 회사의 이익을 지키면서 상대방을 이해시키는 것이 중요하다.

대안을 생각하거나 상사에게 알아보는 등 담당자로서 할 수 있는 모든 일을 시도했다는 성의를 보여야 한다. 그리고 고객의 이의 제기에 감사의 마음을 표현해야 한다.

상대방에게 공감과 감사의 마음이 전달되는 순간, 클레임에 대한 처리는 성공했다고 볼 수 있다.

동료에게는 걱정하는 마음을 전한다

동료를 꾸짖는다는 것은 매우 어려운 일이다. 예를 들어 "이번에 고생 많았네. 저 회사 담당자는 도무지 말을 듣지 않지? 사전 작업이 좀 더 필요했어"와 같이 상대방에게 도움이 되라고 한 조언이 '혹시 내가 실수한 걸 기뻐하고 있나?'라는 생각을 하게 할 수도 있다. 또는 '너 같은 놈이 가르쳐주지 않아도 알아'라는 식으로 반발심을 불러일으킬 수도 있다.

동료에게 업무와 관련된 이야기는 어떤 식으로도 말하기가 곤란하다. 이런 관계인 동료에게는 어떻게 꾸짖어야(조언해야) 좋을지 다음의 사례를 통해 생각해보자.

당신과 A는 입사 동기로 둘 다 부하가 있는 관리직 사원이다.

최근에 "A 씨와 함께 일하는 것이 어렵다", "A 씨는 윗사람들과는 잘 지내는데, 아랫사람들에게 유난히 엄격하다"는 소문을 듣게 됐다. 서로 부하와 함께 일하는 입장이고, 젊었을 때부터 스스럼없이 지내던 사이다. A를 위해서라도 주의를 주는 것이 좋겠다는 생각이 든다.

사람은 자신을 호의적으로 봐주는 사람에게는 마음을 열지만, 반대로 일방적으로 비난하거나 이래라저래라 하는 사람에게는 반발하게 된다. 그러므로 난데없이 좋지 않은 소문을 들었으니 바로 행동을 바꾸라고 말하면 대화가 진행되지 않는다. 그렇게 말하면 상대방은 당신을 거부하게 되고, 행동을 바꾸는 것은 더더욱 기대할 수 없다. 오히려 말하지 않는 것만 못하다.

"최근에 힘들다는 얘기는 들었어. 괜찮은가? 실적에 대한 스트레스도 심하다는 소문이 났더군. 다들 걱정하고 있네"라며 상대방을 걱정하고 있다는 메시지를 전달하는 것이 좋다. 걱정한다는 한마디에 상대방이 마음을 열고 속에 있는 이야기를 하면 성공이다. 그때 함께 개선책을 마련할 수 있다.

다만 당신이 걱정한다는 사실을 알려도 상관하지 말라며 더 이상 대화하지 않는 사람도 있다. 이런 사람들은 자존심이 강해서 '~하는 편이 더 낫다'는 종류의 조언을 받아들이려고 하지 않는다. 이런 유형의 사람에게는 변화해야 한다고 스스로 생각하게 하는 조언이 필요하다.

"이대로 그냥 있으면 위에서 보고서를 쓰라고 할지도 모르겠네. 자네도 그 부분에 대해서는 이미 생각하고 있는 거지?"라는 식의 말로 자신을 돌이켜볼 수 있는 계기를 만들어줘야 한다.

남자는 여자의 이해를 바라는 존재다

남성과 여성은 신체나 사고의 구조가 달라서 같은 일로 꾸지람을 들어도 그 주체가 남성 상사냐 여성 상사냐에 따라 다르게 받아들인다. 이는 남녀의 문제가 아니라 개인적 성향에 기인한다는 의견도 물론 있지만, 현실적으로 남녀의 차이는 무시할 수 없다.

아무리 상사라고 해도 여성에게 지시받는 것에 저항감을 보이는 남성들이 있다. 상대가 여성이기 때문에 얕잡아 본다든지, 처음부터 딱딱한 태도로 대하는 부하도 아예 없지는 않다.

이런 남성들을 적절하게 꾸짖는 방법은 어떤 것들이 있을까?

남자의 마음을 이해한다

우선 남성은 '여성의 이해를 바라는 존재'라고 전제를 깔면 그들의 행동을 이해하기 쉽다. 남성은 누군가 자신을 부정하면 부정한 것 이상의 타격을 받고, 인격을 강하게 비판받는다고 생각한다. 남성 부하가 실수하면 반드시 이유를 듣고 상대방의 생각을 이해했다는 말을 전하는 것이 좋다. 이 한마디로 부하는 뜻밖에도 쉽게 당신의 제안이나 거절을 받아들일 것이다.

함께 문제를 해결한다

"지금 당장 사과하러 가세요. 뭘 준비해야 하는지는 알고 있죠?"라고 고압적으로 꾸짖으면 부하는 분명 반발할 것이다. 특히 여성이 남성에게 지시할 때는 충분히 배려해야 한다. 남성 상사가 지시할 때보다 더 고압적으로 느끼는 사람이 적지 않기 때문이다.

"거래처가 화났나 봐요. 지금 사과하러 가려면 어떤 준비가 필요한가요?", "제품이 제때 준비되지 않을 때를 대비해서 같이 생각해보죠"라고 말해 함께 문제를 해결하겠다는 자세를 보이자.

부하보다 우수해야 한다거나 자신이 이미 그렇다는 걸 과시하기 쉬운 남성 상사라면 약간의 저항이 있겠지만, 여성에게는 효과적인 방법이 될 수 있다.

섬세하고 꼼꼼하게 대한다

부하를 제대로 이끌기 위해서는 꾸짖은 이후의 사후 관리가 매우 중요하다. 예를 들어 꾸지람을 들은 후에 부하가 반성의 기색을 보이거나 행동을 고치는 모습을 보인다면 상대의 그러한 장점을 바로 칭찬해야 한다.

꾸짖을 때 조금 엄격했다는 생각이 들거나 상대방이 침울해한다면 "이런 말은 당신이니까 할 수 있는 거예요"라며 상대의 마음을 울리는 말을 해보자.

그 한마디로 부하는 '상사에게 혼난 것'이 아니라 '상사가 자신에게 기대하는 바가 있어 조언한 것'이라 느껴 당신의 기대에 부응하기 위해 의욕적으로 일할 것이다. 앞에서 말한 것처럼 남성은 여성이 자신을 이해해주길 바란다.

일부 능력 있는 여성 중에는 남성과 대등하게 겨루기 위해서 기를 쓰는 사람도 적지 않아 보인다. 하지만 여성과 남성은 여러모로 다른 존재다. 회사에서 부하들을 관리할 때 여성에게 바라는 것은 남성과 같은 능력이 아니라 여성이기 때문에 발휘할 수 있는 섬세함이나 꼼꼼함이 아닐까?

'남자에게 질 수 없다', '남자보다 더 위로 올라가야 한다'는 생각으로 팽팽하게 맞서면 엄격한 남성만큼이나 주위에 사람이 모이지 않는 상사가 될 수 있다. 팀과 부하를 위해 최선을 다했더라도, 자신의 의사가 제대로 전달되지 않는다면 본래의 목적을 달성할 수 없다.

"온화한 사람이라 고민을 상담하기 쉽다."

"말투가 부드럽고, 지시나 명령을 받아들이기 수월하다."

"배려심이 있고, 같이 일하기 좋다."

"안심하고 업무에 집중할 수 있다."

남성들은 상대적으로 이런 모습을 지닌 상사가 되기 어렵다. 어쩌면 많은 회사가 여성에게 이런 세심한 관리를 기대하고 있는지도 모른다.

남자 상사는 여자 부하를
지나치게 배려한다

남성 상사는 여성인 부하를 꾸짖을 때 '너무 엄하게 꾸짖으면 안 되겠지?', '미움을 사면 귀찮아진다'는 생각에 남성 부하라면 크게 혼낼 일도 주의를 주는 선에서 마무리하는 경향이 있다.

이렇듯 남성 상사는 여성 부하를 어떻게 대하고 지도해야 할지 잘 모르는 경우가 많다. 특히 남성들만 있는 팀에 새롭게 여성 멤버가 들어오면 리더의 고민은 더욱 깊어진다.

25년 이상 여성과 함께 일한 내 경험에 비춰보면 대부분 여성은 업무에 관해서 남성과 대등한 취급을 받길 원한다. 그렇지 않은 여성도 분명 있다. 하지만 어떤 직장에서도 여성이라는 이유로 특별한 취급을 받는 걸 좋아하지 않는다.

그런데 오히려 가르치는 사람이 상대방을 배려한답시고 "기분 나쁘게 생각하지 말고 들어줬으면 좋겠다"는 상투적인 말을 덧붙인다. 부하의 실수나 부족함을 지적하는데, 상사가 머리를 숙일 필요는 없다. 이런 행동에 여성은 오히려 '나에게는 아무런 기대도 하지 않나'라며 민감하게 받아들이기도 한다.

남성 부하와 마찬가지로 고쳤으면 하는 부분은 정확히 꾸짖는 것이 좋다. 남성 상사가 여성 부하를 꾸짖을 때 고려해야 할 세 가지 방법을 소개한다.

위압적인 태도는 삼간다

여성은 남성보다 신체 사이즈가 작고 힘이 약해 몸집이 큰 남성이 접근하는 것만으로 공포감을 느끼기도 한다. 그러므로 남성이 "지금 뭐 하는 건가?"라든가 "내 말을 알아듣나?"라며 큰소리로 꾸짖는다면, 폭력적으로 느낄 수 있다.

사실 꾸짖기 위해 반드시 큰소리를 내야 하는 것은 아니다. 사람은 흥분하면 목에 힘이 들어가고 평소 톤보다 높아지는 경향이 있는데, 상대는 그저 화를 내고 있다고 느낄 뿐이다. 격양된 마음을 가라앉히고 진지한 톤으로 완곡하게 말하는 것이 좋다.

이야기를 중간에 끊지 않는다

업무의 진척 상황을 보고할 때 거래처와의 소통 내용이나 일이 제대로 되지 않는 이유 등을 상세히 설명하는 부하가 있다. 이런 방식으로 보고하면 결론에 도달하기까지 시간이 걸리고, 도중에 초점이 흐려질 가능성이 높아진다. 이때 우리는 흔히 "무슨 말인지 잘 모르겠어요. 그래서 결론이 뭐죠?", "포인트를 정리해서 보고하세요"라고 말한다.

이렇게 말하고 싶은 마음은 이해하지만, 그러면 안 된다. 열심히 메시지를 전달하고 있는데 도중에 자르면 '남의 말을 끝까지 듣지 않는 상사', '듣는 자세가 되어 있지 않은 상사'로 낙인찍히게 된다.

"결국, 이런 뜻이군요?", "한마디로 정리하자면 이렇게 되는 건가요?"라며 상대방의 이야기를 간추리면서 어떻게 포인트를 정리하는지 은연중에 전달하라. 그리고 가능하면 이야기가 끝나고 "결론부터 말하라", "짧게 정리해서 말했으면 좋겠다"는 의견을 전한다.

여성은 해결보다는 공감을 바라는 경향이 있다. 지도할 때도 상대의 말을 끝까지 들어주는 게 중요하다.

지시는 구체적으로 한다

여성 부하를 지도할 때 "그런 건 좀 적당히 알아서 해주게"라든가 "뒷일은 알아서 처리해주게"라는 대략적인 지시를 내리는 것은 피하는 것이 좋다.

일하는 여성 중에는 남성만큼 열심히 일해야만 평가받는다고 생각하는 사람이 있다. 그들은 지시받은 업무를 완벽하게 처리하기 위해 노력하는데, 이런 추상적인 지시로는 업무가 순조롭게 진행되지 않는다. 그렇기 때문에 상사가 같은 일을 계속 지시하는 악순환이 반복되는 것이다.

이런 일이 계속되면 아무것도 가르쳐주지 않는 불친절한 상사, 무언가를 잘 가르치지 못하는 상사라는 오명이 붙을 수도 있다. 그러므로 업무 지시는 가능한 구체적으로 내려야 한다.

이는 지시를 내릴 때만 해당하지 않는다. "역시 꼼꼼히 일해 놓았군", "항상 큰 도움이 되네"라는 식으로 일상 업무에 대한 평가도 구체적으로 해야 한다. 그러면 부하는 상사가 자신을 제대로 보고 있다고 느낄 것이고, 상사에 대한 신뢰 역시 높아질 것이다.

신입사원의 실수는 관대하게 다뤄라

요즘 젊은 사람 중에는 스스로 판단하고 행동하는 것을 어려워해 상사의 지시를 기다리는 경우가 많지만, 막상 꾸지람을 들으면 토라지거나 의욕을 잃기도 한다. 물론 모든 젊은이가 그렇다는 얘기는 아니다. 하지만 사회인으로 새 출발을 한 신입사원을 잘 육성하기 위해서는 그들을 꾸짖는 방법을 연구해야 한다.

일반적으로 신입사원이 실수했을 때 "왜 실수하기 전에 물어보지 않았나?"라고 꾸짖는다. 이런 방법은 반드시 피해야 한다.

예를 들어 당신이 항공기의 조종석에 앉았다고 가정해보자. 지금 당장 비행기를 조종하라는 지시를 받아도 무엇을 어떻게 해야 할지 전혀 모른다. 더 정확히 말하면 사실 무엇을 모르는지조차 알지 못한다. 그 느낌을 이해할 수 있겠는가?

이제 막 입사한 신입사원은 바로 이런 상태다. '실수하기 전에 질문하라'고 말하면 다시 실수하지 않으려고 쓸데없는 스트레스만 받는다. 평소에 빈번하게 대화하면서 어려워하는 부분이 발견되면, 그때 조언하는 것이 좋다.

그리고 꾸짖은 다음에는 '어떻게 하는 게 더 좋았을지' 자신의 행동을 되돌아볼 수 있게 세밀한 질문을 한다.

"어느 시점에 보고해야 할까?"

"어떤 태도로 업무에 임하는 것이 좋을까?"

가능한 구체적으로 자신의 행동을 돌아볼 수 있게 한다. 이런 과정을 거치면 자신의 행동 중 어떤 부분을 반성해야 하는지 좀 더 정확히 파악할 수 있다. 스스로 생각하고 반성하면서 꾸짖어준 당신에게 신뢰감을 느끼게 될 것이다.

요즘 20대인 젊은이들은 어렸을 때부터 꾸지람을 들은 경험이 별로 없는 것 같다. 그래서 꾸지람을 들으면 상대방이 자신에 대해 마이너스 평가를 했다고 생각한다. 사실은 더 잘하길 바라기 때문에, 기대하기 때문에 꾸짖는 것인데, 이런 마음을 이해하지 못하는 젊은이들이 많다. 당신의 진심과 꾸짖음의 의미를 정확히 전달해서 꾸지람에 대한 알레르기 반응을 없애주어야 한다.

오른팔은 꾸짖어서 키운다

　당신의 의도를 정확히 파악하고, 책임감을 갖고 성실히 일하며, 팀 전체에 당신의 생각을 잘 전달하는 부하가 있는가?

　책임자로서 팀을 이끄는 처지라면 '오른팔'이라고 불리는 부하를 육성할 필요가 있다. 오른팔을 키워 팀의 성과를 높이기 위해 어떤 방법으로 지도하면 좋을지 생각해보자.

　세세한 문제에 대한 대응, 가벼운 상담, 결재하는 일 등의 업무는 너무 바쁜 나머지 소홀히 하는 경우가 있다. 이럴 때 팀의 결속력을 높이고, 업무 의욕을 고취하기 위한 보좌 역할의 존재가 중요해진다.

　뭔가 문제가 생겼을 때 "자네가 있었는데, 이게 무슨 일인가?",

"자네가 여기 있는 이유가 뭔가?"라며 자신의 오른팔 또는 오른팔로 키우고 싶은 부하를 꾸짖는다. 이런 꾸지람은 상대방을 신뢰하고 있고, 상대를 내 오른팔로 여기고 있다는 메시지가 된다.

때로는 큰일을 맡긴다

당신이 신뢰하는 부하도 당신의 도움을 바랄 때가 있다. 예를 들어 과거 데이터와 시장 조사를 기반으로 시작한 판매 계획이 예상에서 크게 벗어났다고 해보자. 기존의 계획대로 사업을 진행할 것인지 아니면 대폭 수정할 것인지 도저히 판단이 서지 않는다.

이때 당신의 판단을 유보하고 오른팔인 부하에게 "자네의 판단에 따라서 할 수 있는 모든 일을 해보게"라며 큰일을 맡길 필요도 있다.

당신은 한발 뒤에 물러나 있다가 문제가 생겼을 때 직접 나서면 된다. 아직 큰일을 맡기기에는 위험한 부분도 있고, 불안하게 느껴질 수도 있다. 그러나 당신의 한마디에 부하는 새롭게 다짐하고 더욱 열정적으로 일하게 될 것이다.

개인의 실수도 팀 전체가 책임진다

사실 한 사람이 완료할 수 있는 업무는 별로 많지 않다. 기본적으로 팀의 성과가 회사의 이익과 연결된다. 그러므로 문제가 생겼을 때, 어느 한 개인의 책임으로 돌리지 않고 팀 전체를 꾸짖을 필요가 있다.

팀 전체를 꾸짖을 때는 업무상 문제를 한 사람이 짊어지지 않게 하는 것이 중요하다. "이번 실수의 원인이 뭐라고 생각하나?", "각자 할 수 있는 일은 없었는가?"라는 질문을 던져 팀 전원이 실수에 대해 생각하도록 한다.

그러면 '5분만 더 빨리 작업을 끝냈으면 좋았을 것이다', '마지막에 확인하는 것을 잊었다', '여유가 있을 때 말할 걸 그랬다'와 같이 하나의 실수를 중심으로 각자 자신이 실수한 부분이 없는지 돌아보고, 책임을 자신에게 돌리는 모습을 볼 수 있다.

이렇게 팀 전체를 꾸짖는 것은 하나의 실수를 개인의 책임으로 몰지 않고, 구성원 각자가 자신을 되돌아보고, 팀의 일원이라는 자각과 더불어 책임 의식을 높이는 좋은 기회가 된다.

이외에도 팀 전체가 범할 수 있는 실수 중 하나는 서로 간에 소통이 부족해서 실수를 잡아내지 못하는 것이다. '저 사람이 하는 일, 혹시 잘못되는 거 아닌가?', '지금 이대로 진행하면 실패할지도 모르는데'라는 생각이 들어도 주의를 주면 상대의 자존심을 건드릴까 봐, 오히려 상관하지 말라는 말을 들을까 걱정돼 그냥 넘어간다.

동등한 위치에 있는 동료에게 주의를 주는 건 분명히 어려운 일이다. 하지만 큰 실수가 될 수 있는 싹을 그대로 둔다면, 그런 팀에서는 성과를 낼 수 없다. 그리고 그 책임은 결과적으로 그런 팀을 만든 리더에게 있다.

이런 일을 방지하기 위해서는 부하들끼리 서로 주의를 줄 수 있는 환경을 만들어야 한다. 이는 팀의 리더만이 할 수 있다. 평소에 "수상한 기미가 보이면 목소리를 높여 알려라", "이상한 점을 느끼고도 가만히 있는 사람은 무능하다", "서로 확인하면서 업무를 진행하라"는 메시지를 전하라.

팀 전체를 꾸짖을 때는 다소 엄격한 말을 사용하는 것이 효과적이다. 이는 용기가 필요한 일이다. 하지만 팀원들이 규칙을 지키고, 업무를 효과적으로 진행하기 위해서 해야 한다. 물론 팀원들에게는 왜 문제가 생겼을 때 스스럼없이 이야기하는 것이 좋은지, 그 이유를 먼저 이해시켜야 한다.

윗사람에게는 위하는 마음을 담아 쓴소리한다

조직에 몸담은 사람으로서 선배나 상사가 한 일을 지적하는 건 용기가 필요한 일이다. 자칫하면 상사에게 미움을 사고, 조직에서 자신의 처지가 난처해질 수 있다. 가능하면 윗사람에게 쓴소리하는 것은 피하고 싶겠지만, 직장 생활을 하다 보면 꼭 해야만 하는 경우가 생긴다.

여러 부하에게 당신의 상사(선배)에 대해 "저 사람은 항상 큰 소리로 화를 내 분위기를 험하게 만든다"는 불만을 들었다고 해보자. 당신도 평소에 느끼던 바라 그냥 넘길 수 없는 상황이다.

책망하는 말투는 쓰지 않는다

상대가 고쳤으면 하는 행동이 있다면 현상(눈에 보이는 행동)에 대해서는 개선을 요구하고, 내면(행동의 이유)은 충분히 이해하는 게 중요하다.

큰 목소리로 화를 내는 상사에게 위압적인 태도의 개선을 요구할 때 "큰 목소리로 화를 내면 후배들이 위축되고, 모처럼 좋은 말로 지도해도 상대방이 받아들일 여유가 없습니다. 선배의 진심이 전달되지 않는 건 안타까운 일입니다"라고 말한다.

이때 '선배가 부하와 회사를 위해 진심으로 꾸짖는다는 걸 알고 있다'는 메시지를 전해야 한다. 그러면 상대방도 기분이 나쁘지만은 않을 것이다. 순순히 자신의 행동을 바꿀 수도 있고, 그러지 않아도 당신을 눈엣가시라고 생각하지는 않을 것이다.

선배나 상사에게 쓴소리할 때는 자세를 완전히 낮추는 것이 중요하다. 그리고 말 한마디에도 주의를 기울여야 한다.

"좀 더 윗선에 있는 분들과 논의해주시면 안 됩니까?", "부장님의 평가 기준을 이해하지 못하겠습니다"라는 난폭한 말투는 상대의 감정을 자극할 뿐이다. 이는 상대방의 개선을 바라는 쓴소리가 아니라 단순히 불만을 터뜨리는 것이라고 받아들인다.

"선배님께서 윗분들과 논의해주시면 저희도 전력을 다하겠습니다. 잘 부탁드립니다.”

“평가 기준이 무엇인지 알려주시지 않겠습니까?”

이렇듯 상대방을 책망하는 말투가 되지 않도록 배려해야 한다. 아무리 공손한 태도를 보여도 상대를 화나게 하는 표현을 쓰면 좋은 의도로 쓴소리한 게 아무 의미가 없다.

상사가 리더십이 부족해서 인간관계에 문제가 생기거나 업무 결재에 지장이 생기는 경우도 있다. 부하에게 “저분은(상사) 야무지지 못해서 문제입니다. 어떻게 하면 좋을까요?”라는 말을 듣고 나서 선배나 상사의 문제를 알게 되었다고 가정해보자.

“정신 좀 차리세요”, “부장님께서 결정한 일이지 않습니까?”처럼 상대방을 책망하는 언행은 절대로 안 된다. “그럼 자네가 한번 해보게”, “나도 나름대로 사정이 있어”라고 반격한다면 관계만 악화된다.

이럴 때는 “부장님께서 도와주시지 않으면 문제는 해결되지 않습니다”, “문제를 해결하기 위해서 힘을 보태주세요”라며 의지하고 있다는 마음을 전한다. 누군가에게 의지할 수 있는 사람이 되는 걸 싫어하는 사람은 없다. 그 상대가 후배나 부하라면 더욱 그렇다. 상사 본인도 자신이 문제로부터 도망치고 있다는 사실을 느끼고 있을 것이다. 그때 ‘의지하고 있다’는 한마디로 문제에 직면하도록 해야 한다.

상사의 외로움을 공감한다

말이 되지 않는 상황에 맞닥뜨려 "이번 일의 해결 방식을 도저히 이해할 수 없습니다", "영업부가 하자는 대로 끌려가고 있지 않습니까?"라며 자신도 모르게 비판적인 말을 내뱉는 경우가 있다.

이처럼 실수했다는 생각이 들 때는 "제 말이 지나친 것 같습니다. 선배님도 어려운 처지이실 텐데", "선배님께서 더 괴로우실 텐데, 저까지 그런 말씀을 드려 죄송합니다. 선배님의 마음을 이해합니다"라는 한마디를 덧붙이자.

지위가 높아질수록 고독해지는 것은 직장인의 숙명이다. 윗사람에게는 아랫사람이 이해하지 못하는 어려움이 있다. 잘 알지 못해도 그런 고독감과 외로움에 공감을 표한다면 당신에 대한 신뢰가 높아질 것이다.

선배나 상사에게 쓴소리하는 건 모험을 감행하는 일과 같다. 그러므로 당신의 쓴소리는 반드시 상대방을 위한 것이어야 하고, 팀과 회사에 도움이 되는 일이어야 한다.

PART 5

행동을 바꾸는
꾸짖는 기술

동료를 비난하는 부하는
바로 불러낸다

업무 요령이 부족하고, 실수가 잦아 주위 사람들에게 피해를 주는 동료를 비난하는 부하가 있다. 심지어 인격을 부정하는 말을 퍼붓기도 한다. 그런 태도를 보이면 직원들 사이에 부정적인 기운이 감돌고 회사 내 분위기도 나빠진다.

팀으로 일하지만, 개개인의 능력에는 차이가 있다. 대부분의 경우 비난받는 사원에게는 분명 개선해야 할 점이 있다. 하지만 업무에 대한 요령이 없고, 능력이 떨어진다고 해서 그것이 누군가에게 비난받는 일이 돼서는 안 된다.

같은 입장에 있는 동료의 비난은 직장에서의 따돌림으로 이어질 수 있다. 만약 따돌림이 통하는 분위기가 되면 직원들은 업무 의욕을 잃고, 직장은 활기를 잃는다.

예를 들어 "무능한 놈 하나 때문에 팀의 매출이 떨어졌어", "일을 저렇게 하는데 그동안 잘 지낸 게 이상하군"이라며 동료를 비난하는 부하의 경우를 생각해보자.

이때는 "A 씨, 잠깐 나 좀 봅시다"라며 그 자리에서 바로 불러낸다. 엄격한 자세를 유지하면서 함께 일하는 동료를 비난하는 행위는 용서할 수 없다는 강한 의지를 전달해야 한다.

"사람은 누구나 각자의 방식이 있는 것 아닌가?", "그런 말을 한다면 자네 역시 주위 사람들에게 비난받게 될 거야"라며 강하게 저지해야 한다.

'시간이 날 때 천천히 이야기해야지'라고 생각해 미루면 안 된다. 막상 꾸짖으려고 할 때 "그런 말은 하지 않았습니다", "저 사람에게 한 말이 아니었습니다"라고 시치미를 뗄 수도 있다. 그러므로 업무를 중단하더라도 그 자리에서 바로 주의를 줘야 한다.

팀의 리더로서 동료를 바보 취급하거나, 상대의 실수를 놀리는 행위는 절대 용서하지 않겠다는 의지를 부하들에게 정확히 전달하는 것이 중요하다.

사람은 누구나 완벽하지 않다

업무의 성과는 팀의 종합적인 능력으로 결정된다. 그렇기 때문에 "저 사람은 방해꾼이다", "저 사람은 팀에 부담만 된다"는 생각에 자신도 모르게 상대방을 비난한다.

이때 "그럼 자네는 뭐든 완벽하게 할 수 있나?", "자네는 절대로 실수하지 않는다고 단언할 수 있는가?"라는 말도 효과적이다. 부하는 자신의 언행이 잘못됐다는 것을 느끼고 반성할 것이다.

이렇게 속마음을 내비치는 것은 팀의 능력을 향상하는 절호의 기회라고도 할 수 있다. 꾸짖은 후에는 "자네가 팀을 생각하는 마음은 잘 알고 있다"며 비난하는 행위가 팀을 생각하는 마음에서 비롯되었다는 점을 이야기하고, 그런 의도로 말한 부하를 인정해주자. 그래야만 상대방의 체면이 선다. 또 다른 직원들에게는 당신이 팀 전체의 능력을 중요시한다는 점을 다시 한 번 확인시킬 수 있다. 더불어 업무 요령이 없는 사람에게는 스스로 깨닫는 시간을 갖게 할 수 있다.

동료를 비난하는 부하를 꾸짖는 방법

실수한 동료를 비난할 때

1 그 자리에서 바로 꾸짖는다.

A 씨,
잠깐 나 좀 볼까.

네?

업무를 잠시 멈추고 그 자리에서 꾸짖는다.

---

2 '누구라도 실수한다'는 것을 이해시킨다.

자네는 무슨 일이든
완벽히 할 수 있나?

아, 그게……

다른 사람의 실수를 험담하는 행위는 엄하게 다스린다.

성차별은 조직의 사기를 떨어뜨린다

상대방이 여성이라는 이유로 능력을 낮게 평가하거나, 자신보다 높은 평가를 받는 경우 필요 이상으로 비판하는 남성 사원이 있다. 그중에는 여성의 반대 의견에 과도하게 화를 내거나 노골적으로 고압적인 태도를 보이는 사람도 있다.

또 차 심부름이나 복사를 부탁하면 여성 차별이라고 거부감을 드러내면서, 힘쓰는 일이나 잔업을 시키면 "어떻게 여자에게 이런 일을 시킬 수 있냐"며 싫은 표정을 지으며 그 일을 피하는 여성 사원도 있다.

절대 못 본 척하면 안 된다

이런 사람은 경험의 많고 적음을 떠나 다양하게 분포한다. 이들은 다른 직원에게 불쾌감을 주고 사기를 떨어뜨린다.

이런 종류의 사람은 자기과시욕이 강하고 자기중심적이다. 주변 분위기를 망치는 그들의 언행을 그대로 두면 자신의 행동이 아무 문제 없다고 착각하고, 그 정도가 더욱 심해진다.

리더인 당신은 이런 행동을 하지 못하도록 막고, 모두가 기분 좋게 일할 수 있는 환경을 만들어야 한다. 하지만 성차별의 경계가 모호해서 과연 나서야 할 상황인지 아닌지 애매한 경우도 있다. 자신만의 기준을 정하고, 특정 행동을 성차별이라고 느껴 불쾌감을 드러낸 사람이 있다면 망설이지 말고 주의를 줘야 한다. 리더인 당신의 판단을 믿어야 한다.

여성 동료에게 고압적인 태도를 보이는 남성 부하나, 여성이라는 이유로 업무를 선별하는 부하가 있다면 다음과 같이 말한다.

"우리 회사에서는 남자도 여자도 모두 팀의 일원이다."

"자네 말이 틀리지는 않지만, 그런 식으로 말하면 아무도 받아들이지 않을 거야."

직장 내에서는 남녀에 차별이 없고, 자신의 능력이 닿는 범위 안에서 일하면 된다는 메시지를 전하자.

성차별적인 성향이 있는 부하를 꾸짖는 방법

성차별적인 발언에는 반드시 주의를 준다.

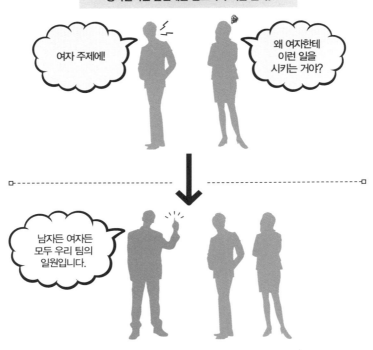

능력에 맞게 자신이 할 수 있는 범위에서 일해야 한다는 사실을 주지시킨다.

업무란 인간관계 속에서 성립한다. 특정 분야에서 능력을 발휘해도 다른 분야에서는 남보다 못할 수 있다. 자신에게 특기가 있는 분야에서는 충분히 능력을 발휘하고, 그렇지 못한 분야에서는 그 분야에 경험이 많은 동료의 힘을 빌려 업무를 진행하면 된다. 서로 도우면서 하나의 프로젝트를 수행하는 것이 바로 팀이다.

앞에서 설명한 사례 외에도 성차별의 형태는 다양하다. 연애 경험이나 정조관념에 대해 집요하게 묻는 건 성희롱이 될 수 있다. 리더는 자신이 정한 기준을 넘어선 성차별적인 발언을 목격하면 반드시 바로잡아야 한다.

하지만 더 중요한 것은 자신에게 부족한 능력을 발휘해 업무를 해내려는 동료에게 감사의 마음을 전하는 것이다.

"무거운 짐을 옮겨줘서 고맙네. 많은 도움이 됐어."

"나를 찾아온 손님이 기분 좋게 돌아갔네. 여러모로 신경 써줘서 고맙군."

이런 분위기를 만드는 것이 리더의 역할이다. 상사가 솔선해서 부하의 업무에 감사의 마음을 전하면 직장에 기분 좋은 바람이 분다. "고맙다"는 말이 오고 가는 훈훈한 직장에서는 성별 때문에 문제가 생기는 일이 줄어들 것이다.

겉과 속이 다른 부하는
유심히 관찰한다

　　회의의 진행 요원을 나서서 하거나, 상사가 중요하다고 생각한 업무를 솔선해서 진행하거나, 선배나 상사 앞에서는 의욕적으로 일하는 부하가 있다.

　　하지만 이들 중에는 상사가 생각하는 것만큼 다른 동료나 후배에게 좋은 평가를 받지 못하는 사람도 있다. 그들은 뒤에서 몰래 상사나 동료를 헐뜯고 요령껏 관계를 맺는다. 자신에게 손해가 되는 일은 동료에게 떠넘기고 눈에 띄는 일만 하려고 하며, 상사에게 자신을 어필하는 데만 신경 쓴다.

　　눈에 띄게 행동하는 부하는 언뜻 좋은 인상을 풍긴다. 상사가 정서적으로 불안할 때는 이런 부하에게 의지하고 싶은 마음이 생길 수 있다. 하지만 그런 부하의 어필 방식은 부자연스럽게 느껴지는 법이다. 자연스러운 행동인지, 자신을 인위적으로 보여주려고 하는 행동인지는 잘 관찰하면 알 수 있다. 필요 이상으로 규범적인 태도를 보이는 부하는 주의 깊게 관찰해서 그 행동 뒤에 숨은 진심을 알아채야 한다.

이면에 감춰진 진짜 얼굴을 보지 못하고 '나를 잘 따르는 부하', '믿을 수 있는 부하', '나를 편안하게 해주는 부하'라며 그들의 행동을 높이 사면, 리더로서 당신의 평가는 땅에 떨어진다. '제대로 된 평가조차 내리지 못하는 사람', '겉모습에 속아 넘어가는 무능한 리더'라고 경멸의 시선으로 바라보는 사람이 생긴다.

주위의 눈을 의식하게 한다

동료와의 거리감, 자기 어필의 방식을 찬찬히 관찰하고, 언행이 계산에 의한 것인지 아닌지 구분할 필요가 있다. 만약 부하의 행동이 타산적이라는 판단이 들면 "눈에 띄지 않게 일하는 A 씨는 참 대단해"라고 말하면서 부하들이 어떻게 일하는지 구석구석 관찰하고 있다는 점, 타인을 위해 뒤에서 묵묵히 고생하는 사람을 평가한다는 점을 명확히 전달해야 한다.

이렇게 다른 사람을 칭찬함으로써 당사자의 반성을 유도하는 방법은 주위에 다른 부하들이 있을 때 하는 것이 효과적이다. 직원을 정당하게 평가할 수 있는 리더라는 점을 부하에게 알려야 한다. 이는 팀을 총괄하는 리더로서 위엄을 유지하는 일이다.

겉과 속이 다른 부하는 주위의 평판이 좋지 않다는 사실을 잘 모른다. 그러므로 주위에서 본인을 유심히 관찰하고 있다는 사실을 알게 해야 한다. 겉과 속이 다른 행동이 자신에 대한 좋지 않은 평가로 이어지고, 동료들에게 신뢰를 잃고 있다는 사실을 알려주는 것이다.

"자네가 눈에 띄는 역할만 하려고 하면 주변 사람이 어떻게 생각할까?", "동기나 동료들과는 요즘 어떻게 지내나?"와 같이 자연스럽게 주위 상황에 눈을 돌릴 수 있게 한다.

상사인 당신이 그렇게 말하면 부하는 다른 동료들을 의식하게 된다. 그러면 자연스럽게 자신에 대한 주변의 평판이 좋지 않다는 사실을 깨달을 것이다. 그런 모습이 보이면 다시 나서야 한다.

"상사는 어떤 관점에서 부하를 평가한다고 생각하나?", "동료가 인정하는 일을 하는 게 중요하다", "눈에 띄지 않는 업무를 제대로 해낼 때 주변 사람에게 좋은 평가를 받는다"라는 메시지를 전달하고 겉과 속이 다른 행동을 하지 못하게 지도한다.

동료들과의 관계를 살펴본다

'예의도 바르고, 일도 나서서 잘하며, 세밀한 부분까지 꼼꼼하게 챙기는데, 무언가 걸린다'라는 느낌이 들 때, 그 사람의 동료와 후배와의 관계를 관찰하자.

이때 다른 직원들에게 "그를 어떻게 생각하나?"와 같이 직설적으로 물어보는 것은 좋은 방법이 아니다. 당신이 자신에 대해 알아보고 다닌다는 사실을 알게 되면, 당사자인 부하와의 관계에 금이 갈 수 있다.

당신의 '감(感)'을 식별하는 포인트는 '평상시에 동료들과 충분히 소통하고 있는가?', '후배들이 편하게 상담하고 의지하고 있는가'를 점검하는 것이다. 상사인 당신 이외의 사람들과 소통이 적다면 의심할 필요가 있다.

자기중심적인 사람의 장점을
좋은 방향으로 이끈다

다른 사람들의 기분에 아랑곳하지 않고, 상대방의 처지는 안중에 없이 행동하는 자기중심적인 부하가 있다. 이런 사람은 제멋대로 기준을 만들고, 그 기준에 맞지 않은 사람의 행동과 생각에 대해서 감정적으로 부정하는 일이 잦다.

심지어 자기 생각과 다른 상대를 비판하고 고압적인 태도를 보이는 경우도 있다. 그리고 동료가 성과를 내면 시샘하고, 사소한 부분에 화를 내거나 공격적인 태도를 보이기도 한다. 이런 부하는 어떻게 꾸짖으면 좋을까?

동료의 협력이 필요한 업무를 맡긴다

대부분 이런 종류의 사람은 자신이 다른 동료보다 능력이 있다고 생각한다. 이런 사람에게는 '업무는 팀으로 진행한다'는 것을 가르쳐야 한다. 쉽지 않겠지만, 전체를 총괄하는 역할을 맡기는 것도 방법이다. 다른 동료와 협력해야만 실적을 낼 수 있는 일을 맡기는 것이다.

"새로운 프로젝트 조사 팀의 서브 리더로서 그룹 전체가 하는 일을 정리해주게"라고 말하면, 자기중심적인 사람은 과시욕이 강해서 리더 역할을 맡았다는 사실에 우쭐해진다.

하지만 평소에 다른 동료들을 비난하고 다닌 탓에 조정 역할을 제대로 해낼 리 없고, 금세 벽에 부딪힐 것이다.

이때 당신이 나서야 한다. 팀이 제대로 운영되고 있는지 묻고, 그렇지 않다면 이유가 무엇이고 해결 방법은 무엇인지 생각하게 한다. 자기중심적인 부하는 곤란한 상황에 맞닥뜨려야 '업무는 팀 전체가 진행한다'는 사실을 실감할 수 있다.

함께 일하는 동료를 생각해야 팀 전체가 성립되고, 윗사람이 되려면 주위의 신뢰를 얻어야 한다는 것을 깨닫게 하자. 또 평소의 자기중심적인 태도가 자기 자신을 궁지에 몰아넣고 있다는 사실을 이해시켜야 한다.

자기중심적이고 늘 자신감이 넘치는 부하는 생기가 있고, 의욕에 찬 사람일 수 있다. 그러므로 어떻게 육성하느냐에 따라 미래의 유능한 오른팔이 될 수도 있다. 젊고 사고가 유연할 때는 약간의 쓴 약을 처방할 필요가 있다.

인정받고 싶은 욕구를 알아준다

자기중심적인 부하가 갖춘 능력과 행동력은 인정할 가치가 있다. 그들은 자기중심적인 사고방식과 자기과시욕이 강한 나머지 자신이 가진 힘을 잘못된 곳에 사용하는 것이다. 그러므로 "더 높은 곳을 목표로 한다면, 팀 전체를 위해 힘써보자"라는 말로 사기를 북돋워 자신이 가진 힘을 어떻게 쓸 것인지 생각하고, 팀의 일원으로서 일조하는 데 힘을 발휘하도록 이끌어야 한다.

이런 부하는 자신에 대한 주위의 평가가 좋지 않다는 것을 알고 있다. 자신을 인정해주고 이해해주길 바라는 욕구가 강해 그런 행동을 하는 것이다. 이런 부하와는 대화의 기회를 늘리고, 이야기를 잘 들어줘야 한다. 그런 시간을 늘릴수록 당신에 대한 부하의 신뢰는 깊어질 것이다.

자기중심적인 부하를 꾸짖는 방법

❌ 자기중심적인 생각이나 행동 자체를 꾸짖는다.

> 우리 모두를 생각하게.

반발을 살 뿐 효과가 없다.

◎ 다른 사람과의 협력이 필요한 업무를 맡긴다.

> 다른 사람들과 협력하면서 일하게. 기대하겠네.

> 음, 열심히 해야겠어.

리더 역할을 맡기는 것도 방법이다.

거래처를 화나게 한
부하의 실수를 책임진다

실수한 부하를 꾸짖어 반성하게 하는 것은 사실 부차적인 일이다. 이보다 우선시할 것은 부하의 행동으로 화가 난 상대에게 사죄하는 일이다.

부하는 물론 상사인 당신도 상대방에게 머리를 숙이는 것부터 시작해야 한다. 부하의 실수에 대해서 얼마나 책임을 질 수 있는지 모두가 지켜보고 있다는 것을 잊지 말자.

화가 난 상대의 이야기를 모두 듣고 나서 "제대로 교육하지 못한 제 책임입니다. 용서해주시기 바랍니다"라고 사죄하자. 책임감을 느끼며 사죄하는 당신의 성의에 상대방은 화를 풀 것이다.

그 모습을 본 주위의 부하들은 당신을 신뢰할 만한 상사라고 느낀다. 거래처를 화나게 한 부하는 당신의 그런 모습에 깊이 반성할 것이다. 거래처와의 문제가 해결됐다면, 부하가 다시는 같은 실수를 하지 않도록 제대로 꾸짖어야 한다.

냉정하게 사실을 파악한다

먼저 "자네의 기분이나 개인적 해석을 배제하고 무슨 일이 있었는지 사실을 말해주게"라며 거래처가 화가 난 상황을 정확하게 파악한다. 이는 문제를 일으킨 부하뿐만 아니라 주변의 다른 직원을 지도하는 데, 그리고 당신의 경험치를 높이는 데 큰 도움이 된다.

사실관계를 정확히 파악하기 위해서는 부하의 이야기를 들을 때 냉정하고 은밀하게 대처해야 한다. 감정적으로 대하면 당신의 추궁을 피하려고 방어적인 이야기만 늘어놓게 되고, 사실관계를 숨길 위험성이 있다.

실패의 원인은 부하가 스스로 생각하도록 한다

사실관계를 확인한 후에는 왜 상대방이 화가 났는지, 어떤 대응에 문제가 있었는지 부하 스스로 생각하게 한다. 그리고 실수한 부하에게 무엇이 상대방을 화나게 했는지 묻는다.

그러고 나서 해결을 위한 대응 방안을 함께 생각한다. 상대방의 화를 풀려면 어떻게 해야 하는지 부하가 생각할 수 있도록 하자. 상사가 온전히 해결해줄 것이라고 기대하면 부하는 결코 홀로서기를 할 수 없다.

직장인의 품위를 지키게 한다

직장인은 모두 자립한 어른이지만, 회사에 소속된 이상 상식에 맞는 행동을 해야 한다. 하지만 최근에 상식으로는 이해할 수 없는 행동으로 눈살을 찌푸리게 하는 젊은 직원들이 늘고 있다.

예를 들어 사회인으로서 걸맞지 않은 복장, 화려하게 염색한 머리로 출근하는 직원들이 있다. 이런 사람들을 그대로 두면 직장의 질서가 문란해질 우려가 있다.

아무리 부하지만 성인이기 때문에 이런 것까지 일일이 점검하고 꾸짖어야 할지 고민스러울 것이다. '도대체 이런 것까지 주의하라고 말해야 하나?', '업무와는 직접적인 관계가 없는데, 말하기가 껄끄럽다'고 생각하는 사람도 있을 것이다.

직장인에게 걸맞지 않은 차림을 꾸짖는 방법

1 기준은 상사 자신이 만들면 된다.

사회인으로서 저런 복장은 심하지 않나.

개인의 취향인데 간섭해도 될까.

상사인 당신이 판단했을 때 도를 지나쳤다면 주저하지 말고 꾸짖는다.

---

2 '~는 부적절하다'는 말을 하도록 유도한다.

그 머리 모양은 사회인으로서 적절하다고 생각하나?

아, 그렇지 않은 것 같습니다.

중요한 건 본인 스스로 말하게 하는 것이다.

하지만 직장 내 질서를 바로잡는 것도 리더가 해야 할 중요한 업무다. 사회인으로서 적합하지 않은 복장과 머리 모양을 보고도 그냥 넘기면 다른 부하는 '저 정도는 허용되는구나'라고 생각할 것이다. 그러면 직장 전체의 규범의식이 낮아지고, 멀리 내다봤을 때 실적에도 악영향을 미친다.

규제 범위는 상사의 경험치로 정한다

정도가 심하다고 생각되면 반드시 꾸짖어야 한다. '심하다'는 느낌은 상사인 당신의 감이다. '젊은 사람들은 자유로우니까', '개성을 존중해야지'라며 망설일 필요가 없다.

복장이나 머리 모양은 본인이 만족해도 다른 사람에게 불쾌감을 주거나 청결하지 못하면 적절하지 않은 것이다. 오랫동안 사회인으로 일했던 당신의 감을 믿어야 한다.

부적절한 차림새를 한 부하를 불러내 "내가 왜 불렀는지 알겠나?"라고 물어보자. 대부분은 당신의 말을 듣고 나서야 알아차릴 것이다. 그중에는 모르는 척하는 사람, 전혀 알아차리지 못하는 사람도 있지만, 개의치 않고 지도해야 한다.

여기서 중요한 것은 "머리 모양이 그게 뭔가?"라며 직접 꾸짖지 말고, 부하가 본인의 입으로 "제 머리 모양에 문제가 있는 것 같습니다"라고 말하게 하는 것이다. "회사 내에서 평판이 나빠지니 하지 마라"는 식으로 상사인 당신의 견해만으로 꾸짖으면 안 된다. 상대방의 입장에서 냉정하게 머리 모양의 장단점을 말해야 한다.

"자네는 일을 잘하네. 그런데 그런 머리 모양이라면 첫인상이 나빠 손해를 볼 수도 있네. 자네의 장점이 묻히는 것은 아까운 일이야"라고 말해 부하가 자신의 모습을 점검할 수 있게 하자.

본인의 행색이 사회인으로서 부적절하다는 것을 인정하면 "그럼 어떻게 하면 좋을까?"라고 질문해보자. 이것 역시 앞으로의 행동에 대해 본인이 직접 생각하게 하는 방법이다. 이때도 상사는 '염색을 하지 말 것', '내일부터는 제대로 된 복장으로 출근할 것'과 같은 지시를 내리지 않는 것이 좋다.

"이번 주말까지 기다려주세요", "내일 원래 상태로 되돌려 놓겠습니다"와 같이 본인이 개선 방안을 내놓도록 해야 한다. 상사가 직접 지시하는 것과 부하가 스스로 정하는 것은 차이가 크다.

여기에서는 머리 모양을 예로 들었지만, 복장, 지각, 비매너(사무실에서 껌을 씹는 행위 등)에 주의를 줄 때도 응용 가능한 방법이다.

자존심이 강한 사람의
이중성을 활용한다

대부분 자존심이 강한 사람은 '지적받는 것은 싫지만, 관심은 가져줬으면 좋겠다'는 이중적인 마음을 갖고 있다. 그래서 다른 동료가 상사와 어떤 이야기를 나누는지 매우 자세히 관찰한다. 그들의 이런 특성을 활용해서 꾸짖는 것도 방법이다.

다른 부하를 지도할 때 자존심이 강한 부하를 의식하면서 해보자. 예를 들어 "내가 꾸짖지 않으면 그것으로 끝이네", "자네라면 내 말을 이해할 거로 생각하네"라며 다른 부하를 꾸짖는 모습을 보이자.

이를 본 자존심이 강한 부하는 불안해질 것이다. 다른 동료들처럼 꾸지람을 듣거나 상사로부터 지도받지 못하기 때문이다.

동료가 꾸지람 듣는 모습을 본 부하는 나중에 같은 방법으로 당했을 때 자존심이 덜 상한다. 오히려 안심할 것이다.

때로는 도망갈 길을 열어둔다

업무 진행 방식이나 자료를 설명해주려고 할 때 제대로 듣지 않고 "이미 알고 있습니다"라며 자신은 무엇이든 알고 있다는 태도를 보이는 부하가 있다. 이때 어디까지 알고 있는지 확인할 수 있는 체계를 만들어 꾸짖는 것이 좋다.

"그럼 이 부분에 대해서는 알고 있나?"라고 물어 구체적으로 설명할 수 있는지 확인한다. 지식과 경험으로는 상사인 당신을 이길 수 없다. 당연히 상대방은 말문이 막힐 것이다. "조금 더 설명할 테니 잘 듣게"라며 부드럽게 말하자. "내 설명을 제대로 좀 듣게!"라고 큰소리를 내는 것보다 훨씬 효과적인 방법이다.

또 업무를 지시했는데 까맣게 잊은 경우도 생각해보자. 이때 "자네 왜 그 일을 하지 않았나?", "어서 빨리하지 못하겠나!"라고 책망하지 말고 "요청한 그 일, 잘 부탁하네"라고 말하자. 그러면 "내일까지는 꼭 해 놓겠습니다"라며 일이 꽤 진행된 듯 대답할 것이다. 자존심이 강한 부하는 너무 강하게 몰아붙이지 말고, 이렇게 도망갈 길을 열어두면서 꾸짖을 필요가 있다.

혼자만 잘난 직원의
페이스를 조절한다

　어떤 일도 팀이 협력해서 진행하지 않으면 성공할 수 없다. 하지만 요즘 능력은 우수하지만 다른 사람과 협력하지 못하는 젊은 직원들이 늘고 있다. 그들은 자신만의 속도로 일하기 때문에 팀 전체가 함께 움직이기 어려워진다. 이런 행동을 하는 부하는 직장의 화합을 무너뜨리는 존재로 비치게 마련이다.

상대방의 눈높이에 서게 한다

　우수한 젊은 직원이 자주 범하는 실수는 상대방의 눈높이에 서지 못하는 것이다. 예를 들어 거래처의 담당자와 상담할 때

자사 제품의 우수함을 보여주겠다는 생각에 상대의 이야기는 전혀 듣지 않고 자기주장만 하다가 끝나기도 한다.

고객의 클레임을 처리할 때도 마찬가지다. 자신(혹은 회사)에게는 잘못이 없다는 점을 주장하는 데 정신이 팔려 고객의 말은 듣지 않고, 오히려 고객을 더욱 화나게 하는 경우도 많다.

경험이 부족한 젊은 나이엔 주위를 배려하는 데 소홀하기 쉽다. "고객도 자네의 말이 옳다는 걸 알 거야. 하지만 자신의 말을 듣지 않는 사람의 말은 받아들일 수 없겠지"라며 상대의 입장을 헤아리는 일의 중요성을 깨닫게 하자.

업무란 늘 '상대'가 있다. 부하가 자기중심적인 태도를 보이면 상대방의 상태를 관찰하는 일의 중요성과 소통의 필요성을 가르쳐야 한다.

또 능력이 뛰어난 부하일수록 약점을 보이지 않으려고 문제가 생겨도 다른 사람에게 상담하지 못한다. 스스로 해결해야 한다는 생각에 '마음대로' 행동하는 경우가 많다.

그럴 때 "제멋대로인 놈이군"이라며 화내는 상사가 있다. 기본적으로 실력이 있는 부하는 회사 일에 미숙해서 잠시 여유를 잃은 것뿐이다. 그러므로 무조건 다그치지 말고 "무슨 일이 있나? 그 일은 어디까지 진행됐는가?"라며 자주 말을 걸어 확인하는 것이 좋다.

내심 꺼려지는 사람일수록
냉정하게 대한다

　사람은 누구나 죽이 잘 맞는 사람과 그렇지 않은 사람이 있다. 후배나 부하도 평등하게 대하고, 공평하게 지도해야 하지만 솔직히 '꺼려지는 부하'가 있게 마련이다. 이는 부하의 입장에서도 똑같아서 싫어하는 상사, 죽이 맞지 않는 리더가 반드시 있다.

　전제를 달자면 사람을 좋아하고 싫어하는 것은 뜻대로 되지 않는다. 그렇기 때문에 더더욱 리더로서 공정하게 대한다는 마음을 가져야 한다. 대하기 꺼려지는 부하는 어떻게 지도하면 좋을까?

　상대를 꺼리기 시작하면 나쁜 점만 눈에 들어온다. 그러면 세세한 부분까지 신경에 거슬리고 거기에 맞게 꾸짖게 된다. 결과적으로 부하는 당신을 피하고, 그런 모습은 서로의 감정을 상하게 하고, 같이 일이 반복되는 악순환에 빠진다.

상황이 이 정도가 되면 되돌리기 어려워진다. 그렇게 되지 않게 하려면 부하의 좋은 면을 찾는 노력이 필요하다. 꺼려지는 부하일수록 장점을 찾아야 한다.

이런 부하와의 관계에서 가장 신경 쓰이는 상황이 바로 꾸짖을 때다. 자칫하면 평소에 묻어둔 감정이 드러날 수 있다. 흔히 하는 실수는 '항상 건방지게 말하는데, 이번 기회에 누가 상사인지 알려주겠어'라는 생각으로 평소에 마음에 들지 않았던 행동까지 끄집어내 조목조목 혼내는 것이다. 이는 리더라면 절대 해서는 안 되는 행동이다.

반대로 무슨 말을 해야 할지 모르겠다며 아예 회피하는 경우도 있다. 하지만 당신이 나서지 않으면 두 사람 사이의 불신은 더 커진다. 꺼려지는 부하를 지도할 때는 먼저 자신에게 분노의 감정이 있는지 아닌지 확인한다. 만약 그런 감정이 있다면 일단 그 자리를 떠나 냉정함을 찾은 후 꾸짖어야 한다.

꾸지람은 간단명료하게

분노를 삭이고 냉정함을 되찾았다면 부하의 앞을 지나면서 마치 지금 생각났다는 듯이 말을 건다. "아, A 씨. 아까 일 말

대하기 꺼려지는 부하를 꾸짖는 방법

Step 1 의식적으로 상대방의 장점을 찾는다.

저 사람의 장점은 뭐가 있을까.

의식적으로 노력하지 않으면 나쁜 점만 눈에 띈다.

Step 2 꾸짖을 때는 짧게 끝낸다.

그러니까 앞으로 잘 부탁하네.

꾸짖음이 길어지면 평상시에 가졌던 나쁜 감정이 드러날 수 있다.

인데"라는 식으로 운을 떼자. 어쩌면 부하는 자신을 왜 불러 세우는지, '아까 그 일'은 대체 어떤 일인지 감조차 잡지 못할 수도 있다. 그런 반응은 당신을 자극할 것이다.

또 "네, 아까 어떤 일 말씀이신가요?"라고 당신의 감정을 흔드는 말이 되돌아올 수도 있다. 물론 사전에 이런 답변까지 예상하고 마음의 준비를 해야 한다. 그리고 "여러 사람 앞에서 회사에 대한 욕은 하지 말아주게"라고 하고 싶은 말을 한마디로 전달한다. 오랫동안 꾸짖으면 아무래도 평상시에 느낀 안 좋은 감정이 드러날 수 있기 때문이다.

맞는 말도 구구절절 장황하게 늘어놓으면 듣는 사람의 입장에서는 어느 순간 귀를 막게 된다. 좋은 말도 이러한데 쓴소리를 들을 때는 더 방어적이 되기 쉽다. 그러므로 평소에 마음에 들지 않는 부하여도, 꾸짖을 때는 잘못된 행동 그 자체에만 초점을 맞춰야 한다. 실수 하나를 잡아내 봇물 터뜨리듯 그간의 실수를 들춰낸다면 꾸짖는 효과가 반감된다. 아니 오히려 관계가 나빠져 돌이킬 수 없는 지경에 이를지도 모른다.

만약 당신의 말에 부하가 무언가 할 말이 있는 듯해도 "그럼, 잘 알아들은 거로 이해하고 앞으로 잘 부탁하네"라며 할 말만 하고 자리를 떠난다. 부하의 말대꾸는 용납하지 않겠다는 강한 의지를 보여주는 것이다.

앞서 부하의 변명에 귀를 기울일 줄 알아야 한다고 말했지만, 꺼려지는 부하를 대할 때는 그다지 좋은 방법이 아니다. 좋은 감정을 가진 부하여도 변명하는 행위는 상사 입장에서 달갑게 느껴지지 않는 법이다. 하물며 대하기 껄끄러운 부하의 변명은 그 말이 사실이어도 상황을 모면하기 위한 핑계로 들릴 수 있다. 그러므로 전할 말만 간단명료하게 하는 것이 좋다.

PART 6

신뢰 관계를 쌓는
아홉 가지 포인트

유심히 관찰한다

이번 장에서는 부하와의 신뢰 관계를 더욱 견고하게 하는 방법을 구체적으로 소개한다. PART 1에서도 설명했지만, 아무리 꾸짖는 기술이 좋아도 부하와의 신뢰 관계가 약하면 꾸짖음이 효과적으로 작용하지 않는다.

꾸짖는 기술에서 가장 중요한 요소가 무엇이냐고 묻는다면, 상대방의 성장을 바라는 마음이라고 말하고 싶다. 그리고 이것이 부하와의 신뢰 관계를 구축하는 가장 중요한 포인트다. 그런 마음을 가졌다면 강한 신뢰 관계를 만들 수 있다. 이는 마음가짐만의 문제는 아니다. 만약 당신이 진정으로 부하의 성장을 바란다면 일상적인 언행에도 변화가 나타날 것이다.

부하의 성장을 바라는 마음은 상대를 더 자세히 관찰하게 한다. 그러다 보면 부하가 '지금 어떤 벽에 부딪혔는가?', '무슨 생각을 하는가?', '어디에 중점을 두고 일하는가?'를 알 수 있다. 이런 생각을 하다 보면 부하에게 어떤 이야기를 해줘야 하고, 어떻게 배려해야 하는지 알게 된다.

이렇듯 상대방의 성장을 진심으로 바라야 잘 꾸짖을 수 있다. 그런 마음이 없다면 그저 화를 내는 것뿐이다.

사람은 표정과 행동에서 상대의 진심을 민감하게 읽어낸다. 자기중심적인 감정으로 상대를 계속 꾸짖는다면 부하는 반발할 것이다. 사실 상사나 선배에게 대놓고 싫은 얼굴을 하거나 예의 없는 태도를 보이지는 않을 것이다. 하지만 상사인 당신에 대한 신뢰는 확실히 반감된다.

반대로 꾸짖는 기술을 잘 활용하면 부하는 당신을 더 깊이 신뢰하게 된다. 한번 신뢰 관계가 형성되면 아무리 엄하게 꾸짖어도 당신의 꾸짖음을 '고마운 질타', '성장을 위한 격려'로 받아들일 것이다. 그러면 아무리 큰 시련이 닥쳐도 부하와 함께 극복해나 갈 수 있다.

모든 부하의 장점을 파악한다

'공명정대'는 신뢰할 수 있는 상사, 선배의 조건에 반드시 포함된다. 사람은 편애나 불공평한 것에 매우 민감하게 반응한다. 누구라도 정당하게 평가하고 공평하게 지도해야 신뢰받는 리더가 될 수 있다.

당신도 분명 상대가 차별을 느끼지 않게 언행과 태도에 주의를 기울일 것이다. 하지만 아무리 신경 써도 "나에게만 특별히 엄격하다", "저 사람을 편애한다"는 불평의 목소리를 내는 부하가 있을 것이다.

이럴 때 어떻게 해야 할까? 공정하기 위해서는 부하 모두의 장점을 잘 알아야 한다. 왜 하필 '장점'이냐고 말하는 사람도 있을 것이다. 모든 부하의 장점을 파악하려면 그만큼 관심을 가져야 하기 때문이다.

하지만 상사의 위치에 오르면 아무래도 장점이 아닌 단점이 더 잘 보인다. 그러므로 모든 부하의 장점을 말할 수 있다는 것은 그들을 제대로 관찰하고 있고, 관심을 쏟는 상사라는 걸 증명하는 일이다.

반대로 생각해보자. 부하에게 관심을 기울이는 노력을 게을리하면 죽이 맞는 부하나 능력이 좋은 부하의 장점만 보일 것이다. 그 반대인 부하들에게는 결점만 찾아낼 것이다. 이렇게 되면 공평하고 정당한 평가와 지도를 할 수 없다. 결과적으로 상사에 대한 불만은 더욱 커질 뿐이다.

사람이기 때문에 잘 맞지 않을 수도 있고, 좋고 싫음이 있을 수 있다. 그러므로 모든 사람의 장점을 말할 수 있을 정도로 부하에게 관심을 둬야 한다. 이러한 자세를 유지한다면 부하가 갖는 불공평, 편애와 같은 부정적인 감정을 없앨 수 있다.

꾸짖는 이유를 이해시킨다

상식적이지 않은 언행과 업무상 실수를 꾸짖을 때, 그저 꾸짖기만 하고 끝내는 경우가 있지는 않은가? 잘못을 지적하는 것만으로는 충분하지 않다. 왜 잘못됐는지, 무엇이 잘못됐는지를 이해시키는 것이 중요하다.

그런 과정을 빼버리면 부하는 꾸지람을 들으면서 '일단 머리를 숙이자'고 생각한다. 그러면 꾸짖는 의미가 없다. 곧 같은 실수를 할 것이고, 당신은 다시 꾸짖는 일을 반복하게 될 것이다. 부하는 '저 사람은 나에게만 화를 낸다'고 오해하게 되고, 신뢰 관계는 무너진다. 상대의 성장을 위해 꾸짖었지만 신뢰할 수 없는 사람이 되는 것이다.

반대로 꾸짖는 이유를 납득시키면 부하는 자신의 잘못을 이해하고, 상사의 지도를 받아들일 수 있다. 나아가 상사에게 의지하고, 존경하는 마음을 갖게 될 것이다. 꾸짖는 이유를 설명하고, 이해시키는 것은 상대와의 신뢰 관계를 만드는 데 꼭 필요한 과정이다. 상대가 이해하도록 설명하는 방법에는 세 가지가 있다.

① 나 자신도 지키고 있는지 확인한다.
→ 시간개념이 없는 부하를 꾸짖을 때, 당신 먼저 시간을 지키는 모습을 보여야 한다.

② 명확한 사실을 지적한다.
→ 꾸짖는 이유를 사실을 근거로 구체적으로 전달한다. 모호하게 말하는 것은 피한다.

③ 스스로 생각하고 느낄 수 있도록 한다.
→ 상사가 일방적으로 가르치는 것은 충분하지 않다. "이런 내용의 메일을 받으면 자네는 어떤 생각이 들겠는가?"와 같이 문제가 된 상황을 부하가 스스로 생각하게 한다.

먼저 말을 걸어
대화의 양을 늘린다

평소에 대화를 거의 나누지 않는 부하, 자주 대화하며 서로에 대해 잘 아는 부하는 '얼마나 편하게 꾸짖을 수 있느냐' 하는 점에서도 차이가 난다.

꾸지람을 듣는 부하의 입장에서도 서로 깊은 관계를 맺은 상사의 말은 금방 이해하고 받아들인다. 꾸짖더라도 부담 없는 관계를 만들기 위해서는 일상적인 대화가 매우 중요하다.

사람은 자기에게 자주 말을 걸어주는 사람에게 친밀함을 느낀다. 상사라고 해서 먼저 부하가 말을 걸어주길 기다리는 소극적인 태도를 보인다면 부하도 마음을 열지 않을 것이다.

상사인 당신이 먼저 말을 걸어야 한다. "수고했어요", "순조롭게 진행되고 있어요?", "먼저 들어갈게요", "조심히 들어가요"라는 말이면 충분하다.

이 한마디로 상대방은 당신에게 친근한 감정을 느낄 것이다. 지금부터 일주일 동안만 실천해보자. 반드시 부하들과의 관계가 좋아지고, 대화를 나눌 기회도 늘어날 것이다.

실패담을 이야기해 분위기를 가볍게 만든다

"내가 전에 이런 실수를 한 적이 있었어"라고 자신의 실패담을 말하는 것도 효과적이다. 웃으면서 할 수 있는 이야기는 대화의 분위기를 부드럽게 만든다. 부하는 "사실 저도 그런 적이 있었는데"라면서 마음을 열기 쉽고, 대화하는 시간이 길어질 것이다. 또한 상사가 당당하게 실패 경험을 말하는 것은 '실패를 넘어선 여유'를 보여줄 수 있는 좋은 기회가 된다.

반면 부하가 굳이 요청하지 않았는데도 성공담을 이야기하는 것은 피해야 한다. 자신의 성공에 대해서 자랑하듯 늘어놓는 사람에게 '아, 이 사람은 대단해'라고 생각한 적이 있는가? 오히려 '자기 자랑만 늘어놓는 사람'이라고 생각했을 것이다.

존경받고 싶은 마음에 성공담을 늘어놓았다면, 상대가 어떻게 받아들이는지 살피고 이야기의 강약을 조절해야 한다.

상담하기 편한 분위기를 만든다

상사라면 누구나 "뭐든지 내게 상의하게", "나를 의지해도 좋네"라는 태도를 보인다. 하지만 당신이 부하였을 때를 생각해보자. 어떤 일도 숨기지 않고, 무엇이든 상사와 상의했던가?

그러지 않았을 것이다. 자신의 잘못은 가급적 숨기고, 상사에게 민폐를 끼칠까 봐 문제가 생겨도 혼자 끙끙거리며 해결하려고 애썼을 것이다. 그러므로 상사가 솔선해서 '상담하기 좋은 분위기'를 만들어야 한다.

중요한 것은 부하에게 '이 사람(상사)은 내 마음을 알아준다'라는 신뢰를 심어주는 것이다. 그러기 위해서는 어떻게 해야 할까? 일상에서 소통할 때 다음의 세 가지를 의식해보자.

① 부하의 말을 중간에 자르지 않고, 속에 쌓인 것을 모두 말하게 한다.

② 조언을 부탁받았을 때는 간결하고 짧게 말한다.

③ 끄덕이거나 동조하면서 이야기를 듣는다.

부하의 말을 중간에 자르거나 부탁하지도 않았는데 조언을 늘어놓는 건 좋지 않다. 부하의 이야기를 들어야 하는 상황인데 자신의 이야기만 하다가 끝난 경험이 있을 것이다. 중간에 말을 자르거나 하고 싶은 말이 있어도 꾹 참아야 한다. 이것만 지켜도 신뢰 관계를 쌓을 수 있다.

덧붙이자면 화를 내거나 조바심을 내서도 안 된다. 감정을 쉽게 드러내면 '저 사람은 쉽게 화를 낸다'고 생각해서 가벼운 상담조차 하지 않을 것이다.

세상에 모든 일을 완벽하게 하는 사람은 없다. 업무에 익숙하지 않고, 경험이 부족한 부하는 더더욱 그렇다. 상사인 당신의 입장에서는 '아니 왜 이런 일도 못하지?'라고 생각하는 실수를 한다. 이럴 때 사람은 누구나 실수하고, 이를 토대로 성장한다고 생각하면 화를 조금은 누그러뜨릴 수 있을 것이다.

겸허함을 높이는
네 가지 자세

　솔직하고 겸허한 사람은 주변 사람에게 신뢰를 얻고, 성장할 수 있는 가능성이 있다. 이런 부하의 실력을 높이기 위해서 리더인 당신도 솔직하고 겸허한 마음을 가져야 한다.

　후배와 부하가 잘한 일은 칭찬하고 배워야 한다. 그들의 의견이 당신에게 도움이 된다면, 아랫사람의 말이어도 적극적으로 받아들여야 한다. 또 상사의 위치에 있어도 잘못한 일이 있으면 반성하고, 먼저 사과할 줄 알아야 한다.

　이런 자세를 보이면 부하는 당신을 본받을 것이다. 겸허함을 높이는 네 가지 방법을 소개한다.

상대방을 인정한다

경력이 쌓이면 무언가를 다른 사람에게 배우는 것에 거부감을 느낄 수 있다. 하지만 겸허한 사람은 상대방이 경험이 부족한 부하여도 그 사람의 좋은 부분을 인정하고, 의견을 받아들일 수 있다.

자신에 대해 반성한다

'내 말이 맞고 상대는 틀렸다'고 생각하는 사람이 있다. 이런 태도로는 아무것도 해결되지 않는다. 자기 자신에게 책임을 돌려야 개선할 점이 보이고, 이것이 성장으로 연결된다. 문제가 생기면 '어쩌면 내가 한 말이 원인이었을 수도 있다'고 생각하고, 자신의 언행을 되돌아보는 습관을 가지자.

솔직하게 사과한다

다른 사람의 실수에 대해서는 사과와 반성을 원하면서 자신의 실수는 인정하지 않는 사람이 있다. 자기에게 모자란 부분은 솔직하게 인정하고, 잘못은 사과해야 한다. 솔직하고 성실한 자세는 주변 사람의 신뢰를 불러 모은다.

<u>스스로 잘났다고 생각하지 않는다</u>

　　세상에는 위로 갈수록 그보다 더 위가 있는 법이다. 자신이 잘났다고 생각하는 순간 사람들은 곁을 떠나고, 유익한 정보로부터 차단될 수 있다. 오만해지지 말고, 겸허한 자세를 유지해야 한다. 좋은 평가를 받았을 때도 자신보다 더 위에 있는 사람을 가리키며 "저분은 당할 수 없어요"라고 겸손하게 말하자. 부하에게 항상 더 높은 목표를 위해 노력한다는 자세를 보여야 한다.

'지켜보고 있다'는 메시지를 보낸다

좋은 일이건 나쁜 일이건 '저 상사는 잘 지켜보고 있다'는 생각이 들게 해야 한다. 이는 신뢰를 얻는 방법이며, 좋은 의미에서 경외의 대상이 될 수 있다. 미래에 더 많은 부하를 이끌게 될 당신이 꼭 익혔으면 하는 기술이다. '지켜보고 있다'는 메시지를 전하는 방법은 세 가지가 있다.

촉각을 곤두세운다

업무 중에도 쉬는 시간에도 항상 부하의 언행에 안테나를 세우자. 무언가 일을 하고 있어도 주변에서 오고가는 대화는 조금만 주의를 기울이면 들을 수 있다. 그러다 신경이 쓰이는 말이 들리면 그들이 무슨 이야기를 나누는지 더 주의 깊게 들어야 한다. 만약 고객이나 동료를 비난하는 대화라면 바로 꾸짖어야 한다.

은근슬쩍 장점을 칭찬한다

부하를 늘 지켜보고 있어도 나쁜 점만 본다면 신뢰받는 리더가 될 수 없다. 평소에 좋은 점을 보고 평가해주는 리더라야 나쁜 점을 지적했을 때 순순히 받아들이고 반성할 수 있다.

그러기 위해서는 마주쳤을 때 "자네의 적극적인 태도는 모두에게 귀감이 되네" 하고 말하거나, 회의가 끝난 후에 "항상 회의 후에 열심히 청소해줘서 고맙네"라고 말하면서 그들의 장점을 칭찬하자.

이는 상대의 좋은 면을 지켜보고 있다는 메시지를 전하는 효과적인 방법이다. 이때 중요한 것은 절대 과장하지 않고 슬쩍 흘리듯 말해야 한다.

의심스러운 행동에 즉각 반응한다

상사에게 들키면 큰일이 나는 일을 몰래 하는 부하가 있다. 예를 들어 업무 중에 사적인 메일을 쓰거나, 미팅이라고 말하고 카페에서 쉬거나, 개인적으로 구매한 책을 경비로 처리하는 경우다.

　이런 행동을 발견하는 건 어렵지만, 절대로 놓치지 않겠다고 생각해야 한다. 조금이라도 의심스러우면 말을 걸거나 시선을 보내자. 부하는 "저 사람은 늘 지켜본다"는 인상을 받고 주의하게 될 것이다.

칭찬과 꾸짖음의 포인트가 같아야 한다

    부하의 능력을 높이기 위해서는 꾸짖은 후 관리가 중요하다. 꾸짖는 일에 비하면 칭찬하는 것은 실천하기 쉽다고 생각할 수 있다. 또 단순히 '칭찬만 하면 된다'고 생각할지도 모르겠다. 하지만 무턱대고 상대를 칭찬하는 것만으로 실력이 향상되지 않는다.

    여기서 말하고 싶은 건 '칭찬하는 것이 얼마나 어려운가'에 관한 것이다. 강연과 세미나에서도 강조했지만 제대로 꾸짖지 못하는 사람이 칭찬한들 상대방은 이해할 수 없다. 즉 매번 칭찬만 하는 사람의 칭찬은 마음속에서 우러난 것이라고 생각되지 않는다. 상대의 행동을 마음속 깊이 공감해야 제대로 된 칭찬을 할 수 있는데, 꾸짖지는 않고 칭찬만 하는 사람의 말은 '이 사람이 정말 그렇게 생각할까?'라는 의심을 하게 만든다.

당연한 말이지만 칭찬하는 것은 그럴 만한 행위가 전제돼야 하고, 그랬을 때 가치가 있다. 대상이 없는데도 칭찬하는 건 환심을 사기 위한 거짓 행동일 뿐이다.

부하가 특정 업무를 매우 잘 해결했다는 생각이 들면 그때 바로 칭찬하자. 그러면 부하는 매우 감격할 것이고, 일에 더 전념할 것이다.

칭찬하는 것은 꾸짖는 것 이상으로 타이밍이 중요하다. 칭찬하는 것과 꾸짖는 것을 한 세트로 생각하는 사람도 있지만, 꾸짖은 다음 사후 관리를 위해 바로 칭찬한다면 리더로서 신뢰를 얻을 수 없다.

또 한 가지 중요한 것은 꾸짖는 포인트와 칭찬하는 포인트가 같아야 한다는 것이다. 예를 들어 '직장인의 예의'에 대해 꾸짖었다고 해보자. 이후 부하가 행동을 개선했다면 반드시 칭찬해야 한다. 꾸짖는 것과 칭찬하는 대상에 일관성이 있어야 그 두 가지 모두 제대로 효과를 볼 수 있다.

어설프게 꾸짖지 않는다

진심을 보여준다는 것은 자신 있게 당당히 꾸짖는 것이다.

강연과 세미나에서 종종 '부하에게 미움받고 싶지 않은 마음에 그들을 신경 쓰게 된다', '상대방에게 상처 주고 싶지 않아 제대로 꾸짖을 수 없다'는 말을 듣는다.

하지만 이런 이유라면 꾸지람을 듣는 쪽도 이해할 수 없을 것이다. 어설프게 꾸짖으면 부하는 '결국 무슨 말이 하고 싶은지 모르겠다', '속으로는 어떻게 생각하고 있을까?'라는 생각이 들면서 불신하게 된다. 부하가 정말로 듣고 싶은 말은 '당신이 어떻게 생각하고, 무엇을 기대하느냐'이다.

'어떤 경우에 누구를 어떻게 꾸짖을 것인가'는 리더 자신의 기준에 따르면 된다. 이는 당신의 가치관을 상대에게 전달하는 일이므로 쓸데없는 배려가 개입되면 안 된다. 윗선에서 지시를 받았다든지 주위의 눈이 무서워서 꾸짖으면 안 된다는 말이다.

그런 마음으로 꾸짖으면 상대방은 금세 알아차리고, 다른 부하들은 그런 당신을 경멸의 눈초리로 바라볼 것이다.

미움받을 각오로 꾸짖는다

부하의 언행이 인간으로서 지켜야 할 중요한 부분을 흔드는 것이라면 진심을 다해 꾸짖어 반성하게 해야 한다.

예를 들어 깊게 생각하지 않고 던진 말, 예의 없는 태도로 부하가 거래처를 화나게 했다고 가정해보자. 당사자인 부하는 '그 정도 일로 화를 내다니, 거래처도 문제가 있다', '저렇게 수준 낮은 거래처는 언젠가 망할 것이다'라며 반성은커녕 불평불만을 늘어놓을 수 있다.

이때는 "자신의 잘못을 뉘우치지는 못할망정 상대방을 비난하다니. 직장인으로서 또 인간으로서 절대 용서할 수 없는 일이다"라며 당신의 인생관을 걸고 꾸짖어야 한다.

꾸짖지 않는 건 무관심과 같다

최근 혼나는 것을 받아들이지 못하는 아이가 늘고 있다. 머리 모양에 주의를 주면 "다른 사람과 똑같은 스타일은 개성을 무시하는 것이다", 소지품 검사를 하면 "그런 검사는 인권침해다"라고 주장한다. 이런 이유로 아이를 감싸는 부모와 교사가 늘고 있다.

꾸지람을 듣지 못하고 사회생활에 필요한 기초를 배우지 않은 아이가 사회인이 되면 어떤 일이 벌어질까? 가장 괴로운 건 '꾸짖음'을 경험하지 못한 당사자일 것이다.

요즘 젊은이들의 개념 없는 행동이 문제가 되고 있다. 이 또한 '꾸짖음'과 밀접한 관련이 있다고 생각한다. 상사나 거래처, 고객에게 존댓말을 사용하지 못하고, 인사도 제대로 하지 못해 주의를 주면 노골적으로 기분 나쁜 얼굴을 한다. 심할 경우 별일도 아 닌 일을 이유로 휴직하거나 퇴직하는 사람도 있다.

이런 상황에 부하를 교육하는 위치에 있는 리더들은 "젊은 사 람들을 어떻게 지도해야 할지 모르겠다", "솔직히 말을 거는 것도 꺼려진다"는 고충을 토로한다. 그런 말을 들으면 나는 '요즘 젊은 사람들은 참 불쌍하다'는 생각이 든다. 아마 이런 행동을 하는 젊 은이들은 매너, 예의, 배려에 대해 배운 적이 없을 것이다.

그 결과 주위 사람들에게 소외되고, 누구에게도 "고맙다"는 인 사를 받지 못하며, 불평불만에 가득 찬 사회생활을 하게 된다. 진 심으로 꾸짖어주고, 이끌어주는 사람이 있었다면 그들의 삶은 분 명히 바뀌었을 것이다.

"사람은 사람에 의해서 사람이 된다." 이는 독일의 철학자 칸트 가 한 말이다. '사람은 교육에 의해서 사회인으로 거듭난다'는 의 미다. 나는 '꾸짖음'이란 사람을 사람답게 만드는 불가결한 교육 적 행위라고 생각한다. 꾸짖는 건 나쁜 일이 아니며 주저해야 할 일도 아니다. 문제는 '어떻게 꾸짖느냐'이다.

한때 '사람은 칭찬해서 키운다'는 말이 유행한 적이 있다. 이 말은 요즘도 많은 사람이 따르고 지지한다. 분명 사람은 칭찬을 받아야 의욕이 솟고, 자존감도 강해진다. 칭찬은 사람을 성장시키는 데 필요한 교육적 행위다.

하지만 칭찬만 한다고 모든 것이 해결되는 건 아니다. 칭찬만으로는 익힐 수 없는 것이 많다. '실례를 범하면 사과한다', '다른 사람에게 민폐를 끼치지 않는다', '시간을 지킨다', '감사의 마음을 표현한다', '손윗사람을 공경한다'와 같은 사회적 규범은 반드시 꾸짖어 가르쳐야 한다.

'착한 상사', '화내지 않는 상사'가 좋은 상사라고 말하는 사람들이 있다. 친절하고 이해심이 많은 건 상대방과의 관계를 원활히 하는 데 필요한 요소다. 하지만 부하의 미래를 위한 행동인지는 의문스럽다.

마음속으로는 부하의 부족한 부분과 실수에 대해 알고 있지만 지적하기 꺼려 피하는 것일 수도 있다. 또 세세한 것까지 참견하면 부하가 싫어할까 봐 참는 건지도 모른다. 어느 쪽이건 꾸짖지 않고 피하는 자세, '좋은 게 좋은 거지'라는 식의 배려는 부하에 대한 무관심의 표현이라고 생각한다.

　세상에 이상적이고 완벽한 사람은 없다. 하물며 사회에 나온 지 얼마 되지 않은 젊은이라면 미숙하고 부족한 것투성이일 것이다. 사람은 실패와 실수를 반복하면서 성장한다. 그런 경험이 없으면 성장할 수 없다. 이런 생각으로 당신의 부하를 대하자. 꾸짖는 행위가 얼마나 중요한지 알게 될 것이다. '지금 바로' 꾸짖는 게 부하에게 얼마나 필요한 일인지 깨닫게 될 것이다.

　이 책을 읽고 자신감 있게 부하를 키우는 리더가 되길 마음 깊이 바란다.

꾸짖는
문   장
1 0 0

상대방의 사기를 북돋을 때 하는 말

---

01 **"지금부터가 진짜 시작이야. 열심히 해봅시다."**
   실패해서 침울해하는 부하에게 그럴 틈이 없다며 힘을 북돋워준다.

02 **"이 상황을 이겨내면 그때는 기회가 올 거야."**
   예측하지 못한 일이 계속 생겨 낙담한 부하에게 조금 더 힘내자며 용기를 준다.

03 **"이 정도면 상대방도 이해할 거로 생각하네."**
   거래처와의 문제에 해결의 방향성을 보이며 안심시킨다.

04 **"이 부분만큼은 반드시 고쳐주게."**
   모든 부분이 아니라 특정 행위에 대해서만 꾸짖는다는 것을 강조한다.

05 **"자네가 업무를 제대로 하려는 마음은 이해하네."**
   일을 잘하려는 마음이 앞서 실패하게 된 부하의 열정은 인정하고, 위로한다.

06 "능력이 있는 사람이라면 여유를 가져야지."

동료나 업무에 불만이 있는 부하에게 '당신이 일을 잘하는 사람인 건 잘 안다'
라는 메시지를 은근하게 전하면서 꾸짖는다.

07 "꾸짖지도 못하는 관계가 되면 그때는 끝인 거야."

상대를 존중하고 소중하게 생각하기 때문에 꾸짖는다는 메시지를 전한다.

08 "누구든 깜빡할 때가 있지."

'사람은 누구나 실수한다'는 사실을 인정하고 꾸짖으면 분위기를 부드럽게 만
들 수 있다.

09 "지금이 자네에게 가장 중요한 시기네."

'꾸짖고 있지만 동시에 응원하고 있다'는 마음을 전하자. 이제 막 성장하는 단계
에 있는 부하에게 하면 좋은 말이다.

10 "함께 생각해봅시다."

실수를 꾸짖기만 하면 부하가 따라오지 못한다. 항상 상대방을 도울 자세를 갖
추고 있다는 사실을 전하자.

11 "일단 침착합시다."

갑작스러운 일에 놀란 부하에게는 당신의 강한 의지를 보여 마음을 가라앉히는
것이 중요하다.

12 "괜찮아!"

경험이 부족한 사람은 작은 일에도 크게 놀라고 걱정한다. 무슨 일이 생겨도 해
결할 수 있다는 의지를 보여 안심하게 한다.

13 "자신을 비하하지 말게."

실수가 반복되면 '나는 안 되나 보다'라며 자신감을 잃는 사람이 있다. 다소 강
한 어조로 꾸짖되 '나는 안 된다'라며 자신을 깎아내리지 않도록 격려한다.

14 "일은 순조롭게 진행되고 있나?"

어두운 표정과 침울해하는 모습을 자주 보이는 부하에게는 상사가 먼저 말을 걸어 대화하기 편한 분위기를 만든다.

15 "모두 내 책임이네."

부하의 실수가 상사인 자신이 잘못 지도했기 때문이라고 생각한다면 깊이 반성해야 한다. 이 한마디로 부하는 당신을 신뢰할 만한 사람이라고 생각하게 된다.

16 "자네는 이 일을 분명히 할 수 있네."

성실한 부하에게는 완벽함을 바라지 말고, 즐겁게 일하는 것이 중요하다고 말한다.

17 "모두 자네를 걱정하고 있네."

자존감이 강하고 자신을 과신하는 부하는 혼자 고민하는 경우가 많다. 이때 모두가 걱정하고 있다는 사실을 알리고, 편안한 마음으로 일할 수 있게 한다.

18 "그렇군. 그런 생각이었군."

결과적으로 문제가 됐거나 실수한 일이라도 긍정적인 자세로 임한 것은 인정해 줘야 한다.

19 "이 부분을 고치면 더 성장할 수 있을 거야."

꾸짖는 횟수가 많은 부하나 후배에게 별다른 기대를 하지 않는 건 아닐까? 고쳐야 할 부분은 구체적으로 전달하고 응원하고 있다는 마음을 전하자.

20 "나도 늘 실수를 했네."

항상 완벽한 척하며 부하를 꾸짖으면 반감을 살 수 있다. 때로는 자신이 예전에 했던 실수를 이야기하면서 친근감을 높인다.

21 "자네가 열심히 일하는 건 모두 알고 있네."

자주 꾸짖지만 상대가 열심히 하는 모습을 지켜보고 있다는 메시지를 전해야 부하가 불안해하지 않는다.

상대방의 적극성을 끌어내는 말

22 **"과연 자네군. 그렇게 생각할 줄 알았네."**

어떤 일을 지시할 때 명령하지 말고 부하 자신이 나서서 하도록 유도한다.

23 **"원인이 어디에 있다고 생각하는가?"**

실수나 문제의 원인을 부하가 직접 분석하지 않으면 같은 일이 반복된다. 스스로 생각하는 습관을 몸에 배게 해야 한다.

24 **"어떻게 하면 좋을까?"**

상사의 명령에 따라 움직이면 부하는 자립할 수 없다. 미숙하더라도 해결 방법을 부하가 직접 생각하게 한다.

25 **"지금 무슨 일을 할 수 있을지 생각해봅시다."**

부하가 '꾸지람을 듣는 지금 이 순간만 넘기면 된다'고 생각하면, 꾸짖는 의미가 없다. 상대방이 직접 할 수 있는 일을 생각하게 하고 실행력을 높인다.

26 **"내가 하고 싶은 말이 뭔지 이해하지?"**

상사가 무얼 바라는지 알아차릴 수 있는 감각을 익히게 한다.

27 **"어디에 문제가 있는지 알겠나?"**

상대를 불쾌하게 하거나 문제의 싹이 된 언행을 스스로 깨닫게 한다.

28 **"지난번에 부탁했지?"**

부탁한 업무는 확실하고, 신속하게 처리해야 한다는 점을 강조한다.

29 **"이게 어찌 된 일이지?"**

어떤 일을 깜빡 잊었다든지 대충 처리하는 자세가 주위에 피해를 주거나 큰 문제로 번질 수 있다는 점을 가르치기 위해 조금 과장된 말투로 꾸짖는다.

30 "부탁한 일, 잘 처리해주게."

부탁한 업무를 확실히 해줬으면 하는 생각이 들 때 "제대로 좀 해주게"라고 말할 때, 상대방이 자신을 믿지 않는다는 느낌을 받게 해서는 안 된다.

31 "이 일은 자네가 해줬으면 좋겠네."

무리한 일을 부탁할 때 부드럽게 지시하면 불필요한 오해가 생기지 않는다.

32 "상대방에게 아직도 연락이 없는데, 무슨 일인가?"

지시한 업무를 잊은 부하에게는 정직하게 실수를 보고하도록 한다.

33 "말하는 도중에 미안하네."

사적인 대화, 다른 사람에게 피해를 주는 대화는 은근히 압박하는 말로 그만두게 한다.

34 "무리하게 할 필요는 없네."

부하가 주어진 업무에 불만을 토로할 때는 한 번쯤 내치는 것도 효과적이다.

35 "무슨 말인지 이해하네. 하지만 입으로만 일하지 않았으면 좋겠네."

부하의 주장은 맞지만, 행동이 따르지 않을 때 다소 강하게 말한다.

상대방의 자존심을 자극하는 말

---

36 "자네의 능력을 더 좋은 곳에 활용하지 못하는 건 안타까운 일이야."

자신감이 없어 충분히 실력을 발휘하지 못하는 부하의 능력을 끌어내기 위한 꾸짖음이다.

37 "자네라면 할 수 있다고 생각하네."

실수해도 문제를 해결하면서 성장했으면 하는 바람과 믿음을 전하자.

38 "이런 일로 기운 빠지는 사람은 아니지?"

실패했을 때 가장 크게 상처받는 건 본인이다. 꼭 꾸짖어야 한다면 상대의 괴로운 심정을 이해하는 말과 함께하자.

39 "자네니까 하는 말이네."

엄격하게 꾸짖어 다른 부하와는 다르게 평가하고 있다는 걸 알리고 오른팔로 키운다.

40 "아니, 자네가 어떻게 이런 실수를 했지?"

실력은 인정하지만, 방심은 금물이라는 메시지를 담아 엄하게 꾸짖는다.

41 "자네는 이 업무에 대해서는 프로 아닌가?"

일에서 한 발짝 물러서 있는 부하를 자극해 일을 잘 처리하도록 독려한다.

42 "나는 자네를 믿네."

상사에게 실력을 인정받는 건 직장인에게 가장 큰 기쁨 중 하나다. 이 한마디를 듣는다면 아무리 힘든 업무도 해낼 수 있을 것이다.

43 "자네는 여기서 끝낼 사람이 아니네."

실패한 일로 꾸지람을 듣거나 큰 문제에 휘말려 고민할 때, 훌훌 털고 다시 일어설 수 있는 힘을 주자.

44 "기대하고 있네."

꾸지람을 들어도 자신에게 기대를 걸고 있는 상사의 말이라면 받아들일 수 있다. 그런 사람에게는 기대에 보답하자는 생각이 들기 때문이다.

45 "이런 일은 자네한테만 맡길 수 있네."

상사에게 특별히 신뢰받는다고 생각하면 부하는 실력 이상의 힘을 발휘한다.

46 "최선을 다하지 않은 건가?"

일 처리를 적당히 해서 문제를 일으킨 부하에게는 전력을 다해 일하는 것의 중요함을 가르친다.

47 "자네가 있었는데, 왜 그런 일이 벌어졌나?"

오른팔이라고 생각하는 부하는 엄하게 몰아붙이기 쉽다. 하지만 때로는 상대방을 신뢰하고 있다는 걸 은근히 표현할 필요가 있다. 그러면 두 사람 사이의 신뢰 관계는 더욱 깊어질 것이다.

48 "가능성이 없는 사람은 꾸짖지도 않지."

너무 심하게 꾸짖었다는 생각이 들 때 이렇게 말해 매듭을 짓는다.

49 "실망하게 하지 말게."

기대하고 있다는 것과 "자네라면 훌륭히 해낼 거라 믿는다"는 마음을 함께 전하는 것이 중요하다.

50 "내가 사람 보는 눈은 있지."

마지막까지 책임감을 갖고 일했으면 할 때 효과적인 말이다.

상황을 매듭 짓는 말

51 "책임은 내가 지네."

어떤 일을 최선을 다해 추진하라고 요구할 때, 상사인 당신도 결과에 대한 책임을 각오하고 말해야 한다.

52 "더는 이야기하고 싶지 않네."

상대방이 반항적인 태도를 보이면 길게 이야기하는 것보다 바로 끝내는 것이 좋다.

53 "다 잊어버리게."
이미 끝난 일을 계속 고민하는 건 의미가 없다. 이번 실패는 잊고 다음 업무에 전력을 다할 수 있게 해야 한다.

54 "그건 자네가 생각해야 할 일이네."
상사에게 너무 의존하면 부하는 성장하지 못한다. 가능한 범위에서 업무를 위임해야 한다.

55 "좀 더 '위'를 목표로 삼읍시다."
부하가 성장하길 바라는 마음에 엄하게 꾸짖고 지도한다는 사실을 알린다.

56 "내 말을 이해할 수 있겠지?"
꾸지람을 들은 후 이해할 수 없다는 표정을 짓거나 침울해하는 부하에게는 당신의 진심과 이해를 구하는 말을 전한다.

57 "내일을 위한 일이라고 생각합시다."
문제를 처리하는 건 정신적, 육체적으로 힘든 일이다. 마음을 담아 부하의 노고를 위로하자.

58 "업무는 팀이 하나가 되어 합시다."
혼자 고민하거나 개인플레이가 심한 부하에게는 팀플레이의 중요성을 알린다.

59 "앞으로 조심합시다."
같은 실수를 반복하지 않도록 못 박아둘 필요가 있다.

60 "잘못되었다고 생각하면, 언제든 말해주게."
상사로서 당신이 생각하는 지론을 말할 때, 혹은 엄하게 명령하거나 지시를 내렸을 때는 부하의 의견도 받아들일 수 있다는 자세를 보여야 한다.

61 "오늘은 좀 엄하게 말하겠네."
필요하다면 아끼는 부하여도 엄하게 대할 수 있다는 걸 보여주자.

62 "실패를 두려워하지 말고 해봅시다."
격려하는 말로 부하가 더욱 분발할 수 있게 한다.

63 "집에 가기 전까지 해두게."
지시한 업무는 정해진 기간 내에 반드시 완료해야 한다고 말한다.

64 "나는 이 부분에 대해서는 엄격하네."
당신이 중요하게 생각하는 건 끝까지 관철한다는 자세를 보인다.

65 "자네를 응원하네."
꾸짖은 후에는 앞으로 '잘 지켜보겠다'는 메시지를 전한다.

66 "다음 업무에 활용하면 좋을 것 같네."
실패의 경험을 다음 일에 활용하면 좋겠다고 말한다.

67 "그럼, 이해한 거로 알고 부탁하네."
반항적인 태도를 보이는 부하에게는 '명령은 절대적'이라는 의사를 전하고, 적절한 선에서 대화를 끊는다.

대하기 꺼려지는 사람을 움직이게 하는 말

68 "자네를 믿었는데, 아쉽네."
부하를 믿고 일을 맡겼는데, 그 기대를 저버린 것에 대한 안타까움을 전한다. 신뢰를 저버리는 것은 용서할 수 없다는 걸 분명히 밝힌다.

69 "굳이 한마디 덧붙이자면……."
'이번 일 이상으로 잘해주길 기대한다'는 마음을 전하면 부하도 기분 좋게 받아들인다.

70 "전에도 말한 것 같은데, 확인을 위해서 다시 한 번 말하겠네."

아무리 이야기해도 개선되지 않을 때 고쳤으면 좋겠다는 메시지를 각을 세우지 않고 표현한다.

71 "미리 상담했으면 좋았을 텐데."

일을 잘해서 업무를 맡겼지만 중요한 사항은 반드시 상사에게 보고 및 상담해야 한다는 점을 알린다.

72 "참 안타깝네."

상사의 기대를 저버린 부하에게 감정을 담은 한마디를 건넨다. 낙담한 상사의 태도에 부하는 자신의 행동을 깊이 반성할 것이다.

73 "원인을 조사해줄 수 있나?"

문제나 실수의 원인을 명확하게 파악하고, 자신의 부족함을 인정하고, 마지막으로 반성하게 한다.

74 "그렇게 하면 상대방이 이해할 수 없네."

부하의 업무 진행 방식이 적절하지 않다는 것을 암묵적으로 전하고 개선 방향을 제시한다.

75 "어떻게 생각하는지 알려주면 좋겠네."

"대답하게!"라며 명령하는 어투를 사용하면 상대방도 고집을 피우게 된다. 정중한 말투로 온화하게 당신의 생각을 전달한다.

76 "다시 한 번 확인해주겠나?"

원인 규명이 제대로 이루어지지 않거나 실수에 대한 인식이 부족하다고 느끼면 재발을 방지하기 위해 다시 조사하게 한다.

77 "과연 이렇게 해도 괜찮을까?"

'이런 방법으로 가능한가?'라는 생각이 들 때는 개선 방안이 필요하다는 것을 전하고, 상사가 불안감을 느끼고 있다는 것을 알린다.

78 "내게 협력해주겠나?"
자존심이 강한 부하는 명령보다 협력을 구할 때 대화하기 더 편해진다.

79 "선배님의 좋은 의도가 잘 전달되지 않는 것 같아 안타깝습니다."
상사에게 쓴소리할 때는 상대방을 치켜세우며 말한다.

80 "업무에 참고할 수 있게 알려주면 좋겠습니다."
연상의 부하와 의견이 다를 때 상대방의 의견을 존중하는 자세를 보인다.

81 "당신이 도와주지 않으면 성공할 수 없습니다."
상사가 움직이길 바랄 때는 상대방에게 의지하고 있다는 걸 강하게 어필해야 한다.

82 "다른 직원의 표본이 되어 주세요."
근무 태도나 예의범절에 대한 개선을 바랄 때 효과적인 말이다.

반항적인 태도를 누를 때 하는 말

83 "하고 싶은 말이 있으면 하게."
부하가 반항적인 모습을 보여도 받아들일 수 있다는 자세를 보인다.

84 "노력이 헛수고가 되네."
불손한 태도를 보이는 부하에게 일만 잘한다고 평가를 잘 받는 것은 아니라는 사실을 가르친다.

85 **"이렇게 하면 좋은 평가를 받을 수 없네."**

정당한 평가를 받지 못한다며 불만을 토로하는 부하에게는 지금 이런 행동 자체가 낮은 평가의 이유라는 사실을 알린다.

86 **"오해만 받고 끝나게 되네."**

자신의 능력만 믿고 뭐든지 할 수 있다며 불손해지는 시기가 있다. 하지만 됨됨이가 좋지 않아 오해를 받으면 능력을 살릴 기회도 없어진다는 것을 가르친다.

87 **"그건 자네만의 생각 아닌가?"**

자기와 다른 생각과 방식을 존중해야 한다는 걸 가르친다.

88 **"자네를 위해서 하는 말이네."**

설령 부하가 당신의 쓴소리를 받아들이지 않아도 상대방을 위해 꾸짖고 있다는 것을 알린다.

89 **"혼자서 일할 수 있다고 생각하나?"**

업무는 팀 전체가 하는 것임을 깨닫게 한다.

90 **"그럼 자네는 무엇이든 완벽히 할 수 있나?"**

자신의 능력을 과신해서 다른 사원을 깔보는 부하는 엄격하게 지도해야 한다.

91 **"주위에서 어떻게 생각하는지 생각해본 적 있나?"**

객관적으로 자신을 돌아보는 힘이 부족한 부하에게는 주위 사람들의 평판을 근거로 제멋대로인 행동을 자중하게 한다.

92 **"금방 끝나니 내 말을 들어보게."**

상사인 당신은 부하의 '위'에 서야 한다. 반항하거나 불손한 태도를 보여도 필요한 말은 계속해야 한다.

93 **"그런 태도는 좋지 않네."**

부하의 무례함이 도를 지나쳐 화가 난다면 꾸짖는 걸 중지하고 자리를 떠난다.

이로써 당신의 분노가 상대에게 강하게 전해질 것이다.

94 "누군가 자네에게 그런 태도를 보이면 기분이 어떻겠는가?"

입장을 바꿔 생각하게 하자. 부하의 무례한 태도가 상대방의 기분을 상하게 한다는 사실을 깨닫게 한다.

95 "우선 상대방이 하는 이야기를 제대로 들어야지."

비난받는 것을 피하려고 상대방의 말은 듣지 않고 자신의 말만 하는 부하는 따끔하게 충고한다.

96 "그게 나이 많은 사람을 대하는 태도로 적절한가?"

도저히 용납할 수 없는 무례한 태도는 강하게 꾸짖는다.

97 "자세를 바로잡고 내 말을 들어주겠나?"

꾸지람을 진지하게 듣지 않는 부하에게는 자세를 바르게 한 다음 듣게 한다.

98 "나는 그렇게 생각하지 않네."

반항적인 말투로 거부하는 부하에게는 "자네의 말은 틀렸네!"라고 딱 잘라 말한다.

99 "지금 한 말, 다시 한 번 해주겠나?"

감정이 격해져 귀를 의심할 만한 언행을 하는 부하에게는 지금 한 말과 행동을 반복하게 한다. 그리고 두 번 다시 같은 언행을 하지 않겠다는 다짐을 받는다.

100 "이상하네. 이야기의 앞뒤가 맞지 않네."

자신의 실수를 얼렁뚱땅 넘기거나 거짓말로 무마하려는 부하에게는 끈질기게 질문한다.

옮긴이 정선우
서울에서 태어나 연세대학교 경제학과를 졸업했다. 국내의 유수 대기업과 외국 기업에서 20년 간 근무하면서 무역, 투자관리 업무를 담당했다. 현재 출판기획 및 번역가로 활동하고 있다. 옮긴 책으로『리더의 교과서』, 『스티브 잡스의 위기돌파력』, 『성공은 하루 만에 잊어라』, 『스티브 잡스의 위대한 선택』, 『미덕의 경영』 등이 있다.

욱하지 않고 상대의 행동을 바꾸는 고수의 대화법
꾸짖는 기술

초판 1쇄 발행 2016년 7월 11일
초판 3쇄 발행 2016년 11월 4일

지은이 나카시마 이쿠오
옮긴이 정선우
펴낸이 김선식

경영총괄 김은영
마케팅총괄 최창규
책임편집 마수미 **디자인** 황정민 **크로스 교정** 윤성훈 **책임마케터** 최혜령, 이승민
콘텐츠개발4팀장 김선준 **콘텐츠개발4팀** 황정민, 윤성훈, 마수미, 김상훈
마케팅본부 이주화, 정명찬, 최혜령, 양정길, 최혜진, 박진아, 김선욱, 이승민, 김은지, 이수인
경영관리팀 허대우, 권송이, 윤이경, 임해랑, 김재경

펴낸곳 다산북스 **출판등록** 2005년 12월 23일 제313-2005-00277호
주소 경기도 파주시 회동길 37-14 2, 3, 4층
전화 02-702-1724(기획편집) 02-6217-1726(마케팅) 02-704-1724(경영지원)
팩스 02-703-2219 **이메일** dasanbooks@dasanbooks.com
홈페이지 www.dasanbooks.com **블로그** blog.naver.com/dasan_books
종이 한솔피엔에스 **출력 · 제본** 갑우문화사

ISBN 979-11-306-0874-7 (03320)

다산북스(DASANBOOKS)는 독자 여러분의 책에 관한 아이디어와 원고 투고를 기쁜 마음으로 기다리고 있습니다.
책 출간을 원하는 아이디어가 있으신 분은 이메일 dasanbooks@dasanbooks.com 또는 다산북스 홈페이지 '투고원고'란으로
간단한 개요와 취지, 연락처 등을 보내주세요. 머뭇거리지 말고 문을 두드리세요.